SV

Dana Kaplan
Eva Illouz

Was ist sexuelles Kapital?

Aus dem Englischen von Michael Adrian

Suhrkamp

Dana Kaplans Forschungen für dieses Buch wurden zum Teil von der ISRAEL SCIENCE FOUNDATION finanziert (Bewilligung Nr. 1560/18). Sie dankt Roy Zunder und Rona Mashiach für ihre unschätzbare Hilfe.

Bibliografische Information der Deutschen Nationalbibliothek
Die Deutsche Nationalbibliothek verzeichnet diese Publikation in der Deutschen Nationalbibliografie; detaillierte bibliografische Daten sind im Internet über http://dnb.d-nb.de abrufbar.

Erste Auflage 2021

Umschlaggestaltung: Hermann Michels und Regina Göllner
Satz: Satz-Offizin Hümmer GmbH, Waldbüttelbrunn
Druck: CPI books GmbH, Leck
Printed in Germany
ISBN 978-3-518-58772-0

Inhalt

Das sind nur einige Ausschnitte des Entstehens eines postindustriellen, globalen und medialen Regimes, [...] das ich von nun an *pharmapornographisch* nennen werde. Ich beziehe mich dabei auf die Prozesse, mit denen sexuelle Subjektivitäten regiert werden, und damit auf ihre molekularen (pharma-) und semiotechnischen (Porno-)Modalitäten. [...] Am Geschlecht gibt es nichts zu enthüllen, auch nicht an der sexuellen Identität. Die Wahrheit des Sexes ist nicht Enthüllung, sie ist *Sexdesign*. Pharmapornographischer Biokapitalismus produziert keine *Dinge*. Er produziert mobile Ideen, lebende Organe, Symbole, Wünsche, chemische Reaktionen und die Bedingungen der Seele. In Biotechnologie und in Pornokommunikation gibt es kein Objekt, das zu produzieren ist. Das pharmapornographische Business ist die *Erfindung eines Subjektes* und dann globale Reproduktion.

(Paul B. Preciado, *Testo Junkie*, S. 35-37.)

1. Einleitung: Sex und soziologische Metaphern

Zwei Soziologen haben unlängst ihre Disziplin dazu aufgerufen, bescheidener, ehrgeiziger und etwas freudvoller an die Erklärung der sozialen Welt heranzugehen.[1] Zwar könne die Soziologie die Welt nicht verbessern, erklären sie, doch eröffne sie mit ihren Theorien, Begriffen und Metaphern gewiss neue Wege zu ihrem Verständnis. In diesem Essay wollen wir eine solche soziologische Metapher genauer betrachten, und zwar eine, die erheblichen Einfluss gewonnen hat und zunehmend nicht nur von Soziologinnen oder Gender- und Sexualforscherinnen im Munde geführt wird: die des sexuellen Kapitals. Auch im alltäglichen Gebrauch ist »sexuelles Kapital« zu einer verbreiteten Metapher geworden, um die realen sozialen und individuellen Konsequenzen unserer »sexy gemachten Welt« anzusprechen und zu fragen, wie die Leute damit »zurechtkommen«.[2]

Zunächst einmal scheuen wir ja vor dem Gedanken zurück, den Begriff Kapital auf eine Dimension wie die Sexualität anzuwenden, die doch ein Reich der Lust und Hingabe, des Ausprobierens und der Verspieltheit sein soll. Warum sollten wir ausgerechnet sie mit der ökonomisch-soziologischen Metapher des Kapitals in Verbindung bringen? Nun, ganz einfach deshalb, weil

Sexualität immer »in Gesellschaft« stattfindet und veränderlichen gesellschaftlichen Kräften unterliegt. Die drei großen monotheistischen Religionen haben die Sexualität unerbittlich reguliert und in eine zentrale Größe für die Ideologien der Reinheit, der Familie und der politischen Macht verwandelt. Welche Rolle Sexualität in den Idealvorstellungen vom Selbst spielt, ist immer sozial. War sie in der traditionellen Welt von der Religion geprägt, so hat sie sich in unserer Spätmoderne hauptsächlich mit der Wirtschaft verflochten.

Die Metapher des sexuellen Kapitals unterstellt, dass Sex weit über die sexuelle Aktivität an sich hinaus ein Produktionsmittel für künftige Gewinne ist. Anders als Begriffe, deren Bedeutungen zumindest prinzipiell weithin geteilt und akzeptiert werden, sind Metaphern offener und weniger exakt. Darin liegt ihre Qualität als Vehikel, mit dem sich Dinge transportieren lassen, die gerade aufgrund der mangelnden begrifflichen Präzision der Metapher mitunter für die Vorstellungskraft der Soziologin von Nutzen sind.[3] Trotzdem muss man feststellen, dass sich die Metapher des sexuellen Kapitals mittlerweile zwar einiger Beliebtheit erfreut, alles in allem aber theoretisch zu unbestimmt geblieben ist.

Im üblichen soziologischen Sprachgebrauch bezieht sich sexuelles Kapital auf den sexuellen Gewinn, den Menschen daraus ziehen können, Geld, Zeit, Wissen und affektive Energie in den Auf- und Ausbau ihrer sexuellen Persönlichkeit zu investieren, also in den Teil ihrer Identität, der ihre Sexualität betrifft. Ob sie sich mit plastischer Chirurgie Gesicht oder Körper verschönern lassen, populäre Sexratgeber konsultieren oder sich einer »Verführungsgemeinschaft« anschließen, in der sie vielleicht mehr Selbstvertrauen in ihre sexuelle Subjektivität entwickeln können: Mit all diesen Investitionen verbessern sie womöglich ihre Position im Wettbewerb um den sexuellen Zugang zu den Körpern anderer. Dieser sexuelle Konkurrenzkampf kann auf die Maximierung von Lust ausgerichtet sein, aber auch auf das bloße Gefühl, von anderen begehrt zu werden.

In diesem Essay beschreiben wir die historischen Bedingungen, unter denen vier verschiedene Formen sexuellen Kapitals entstanden, gediehen und manchmal auch wieder bedeutungslos geworden sind. Wir werden darüber hinaus die These vertreten, dass sich diese Formen von sexuellem Kapital im Neoliberalismus verändern und dass dieser Wandel für so unterschiedliche Phänomene verantwortlich ist wie Silicon-Valley-Sexpartys als Ausdruck der Hightech-Ideale von kreativer, spaßmachender und kollaborativer Arbeit, kosmetische Intimchirurgie, wie sie von Patientinnen der oberen Mittelklasse in Anspruch genommen wird, und sogar die Überzeugung mancher Sexarbeiter:innen, dass sie durch ihre Dienste Selbstwertgefühl erlangen und emotionale Belastbarkeit sowie andere arbeitsmarktrelevante Fertigkeiten entwickeln können.[4] Wir nehmen eine eingehende Analyse der Auswirkungen des neoliberalen Kapitalismus auf Sex und Sexualität durch die Brille des Kapitalbegriffs vor. Das neoliberale Sexualkapital, wie wir es nennen, beruht auf der Fähigkeit, aus sexuellen Begegnungen Selbstwertgefühl zu beziehen und diesen

Selbstwert in die eigenen Beschäftigungschancen zu investieren.

Natürlich ist die Vorstellung, dass die Sexualität das eigene Selbstwertgefühl steigern kann, nicht neu. Schon die Figur des *Don Juan* bietet das Paradigma einer Männlichkeit, in dem sexuelle Eroberungen um ihrer selbst willen, unabhängig von der Ehe und anderen Institutionen angestrebt werden, weil sie einen Wertzuwachs für das Selbst versprechen. Don Juan verkörpert ein Attribut einer Männlichkeit, die sich zunehmend von der Macht der Kirche befreit hat, nämlich die Fähigkeit, Begehren auszulösen und sein eigenes Begehren zu befriedigen. Eine solche Männlichkeit nimmt die Form der Beherrschung von Frauen an, deren Ruf ein Mann wie Don Juan zerstört, indem er sie ihres einzigen Aktivpostens auf dem Heiratsmarkt beraubt: ihrer Jungfräulichkeit. Zumindest in Molières Stück und in Mozarts Oper wurde dieser Charakter allerdings von Gott persönlich bestraft, was darauf hindeutet, dass serielle Sexualität dem Selbst nur dann einen gesellschaftlich anerkannten Wert verleihen kann, wenn sie in eine soziale und normative Ordnung eingebettet ist, die ihre Funktionalität sichert. Nicht umsonst wurden Frauen zur Zeit der unangefochtenen Vorherrschaft des Christentums durch eine Art »vorgegebenes« Sexualkapital namens Keuschheit definiert. In traditionellen Heiratsmärkten hing das Ansehen der Frau, und in geringerem Maße auch das des Mannes, von Jungfräulichkeit ab. Keuschheit (der Verzicht auf sexuelle Betätigung) hatte somit die Funktion, die Übereinstimmung der Frau mit den christlichen Idealen anzuzeigen und dadurch ihren Wert zu steigern. Die Sexualität spielte automatisch eine wichtige Rolle bei der Partnerwahl, weil Heiratsmärkte in traditionellen Gesellschaften sowohl auf der Reputation als auch auf den ökonomischen Aussichten der prospektiven Partner:innen beruhten. In vielerlei Hinsicht ist es diese normative Ordnung mit ihrer Schutzfunktion für Frauen vor männlichen sexuellen Beutezügen, die Don Juan herausfordert, weshalb seine Sexualität von ebendieser Ordnung, das heißt der des christlichen Patriarchats, noch machtvoll in die Schranken gewiesen wird. Damit sich ein vollwertiges sexuelles Kapital herausbilden kann, muss die Sexualität erst Autonomie gegenüber der Religion gewinnen. Somit war es die Lockerung der Normen und Tabus zur Regulierung der Sexualität und deren zunehmende Eingliederung in die ökonomische Sphäre, die die Bildung eines sexuellen Kapitals ermöglichte. Ist die Sexualität erst einmal durch wirtschaftliche Strategien strukturiert, bringt sie wirtschaftliche Vorteile und ist sie ein Schlüssel für die Sphäre der Wirtschaft selbst, dann sprechen wir von sexuellem Kapital in einer neoliberalen Kultur oder neoliberalem Sexualkapital.

Unser Verständnis des neoliberalen sexuellen Kapitals unterscheidet sich von drei zentralen Argumentationsfiguren, die üblicherweise in Bezug auf das Verhältnis von Sex und Ökonomie in Anschlag gebracht werden, nämlich Sex als legitimes Mittel im Kampf gegen das Ungleichgewicht der Geschlechter, sexuelle Identitäten als Plattform für Identitätspolitik sowie die sexuelle

Kommodifizierung beziehungsweise die Monetarisierung der Sexualität. Auf alle drei Aspekte wollen wir kurz eingehen.

Wir wenden uns erstens gegen den kontroversen Begriff von sexuellem Kapital, für den die Soziologin Catherine Hakim bekannt geworden ist. Sie versteht erotisches Kapital als einen (dezidiert weiblichen) persönlichen Aktivposten, den Frauen auf dem Arbeitsmarkt und in Intimbeziehungen einsetzen können. Für sie verbindet erotisches Kapital »Schönheit, Sex-Appeal, Temperament, Charme und die Begabung, sich geschmackvoll zu kleiden, mit sozialer und sexueller Kompetenz. Es ist eine Kombination aus körperlicher und sozialer Attraktivität«, aus der sich, so ihre Behauptung, Kapital schlagen lässt, um an bessere Stellen heranzukommen oder in Intimbeziehungen sozusagen einen besseren Schnitt zu machen.[5] Catherine Hakims Verständnis von erotischem Kapital verweist auf eine echte und mächtige neue soziale Realität: Die Sexualität als Eigenschaft der Person ist zunehmend in einen ökonomischen Vorteil verwandelt worden. Dennoch bleibt ihre Definition von erotischem Kapital aus einer Reihe von Gründen unausgegoren und beschränkt. So blendet Hakim zum einen die historischen und kulturellen Prozesse, die die Umwandlung von Sexualität in ein Kapital ermöglichten, völlig aus. Die Medienindustrien etwa waren eine treibende Kraft bei der Kodifizierung von Schönheitsidealen und der Konvertierung solcher Schönheit in ein Kapital auf den Feldern des Sozialen, einem durch und durch historischen Prozess, angetrieben von mächtigen ökonomischen Interessen. Weil sie sexuelles Kapital wie eine offensichtliche, selbstverständliche Eigenschaft »attraktiver« Frauen behandelt, weicht Hakim der Frage aus, warum Attraktivität eine Rolle in sozialen Feldern spielt, die es ihr, der Attraktivität, ermöglichen, als Kapital zu funktionieren. Zum Zweiten erklärt Hakim erotisches Kapital zu einem Attribut von Frauen. Sie affirmiert und stärkt damit nicht nur Geschlechterstereotypen, sondern gerade auch die Mechanismen, durch die Frauen beherrscht werden, nämlich vermittels ihrer Körper. Mit anderen Worten: Hakim sieht nicht, dass Sexualität nur deshalb ein Kapital bilden kann, weil sie von Eigenschaften lebt, die zugleich die Herrschaft der Männer über die Frauen aufrechterhalten. Wie Catharine MacKinnon überzeugend gezeigt hat, ist die Sexualität für heterosexuelle Beziehungen das, was die Arbeit für den kapitalistischen Produzenten ist: der privilegierte Ort für die Ausbeutung von Frauen durch Männer.[6] Am überraschendsten ist aber wohl zum Dritten, dass Hakims Verständnis von sexuellem Kapital auf der Hypothese einer natürlichen biologischen männlichen Lust beruht, die sich Frauen für ihr Vorankommen zunutze machen können. Damit wird die Tatsache ausgeblendet, dass die Benutzung von Frauen zu sexuellen Zwecken und die Benutzung ihrer eigenen Sexualität durch Frauen stets ein fester Bestandteil des Patriarchats in seiner repressivsten Form gewesen ist und nicht seine Subversion. Was das Patriarchat auszeichnet, ist *gerade* der Umstand, dass Sexualität der praktisch einzige Weg war, auf dem mittel- und statuslose Frauen Status und soziale Mobilität erlangen konnten, ein Umstand, in dem sich ihre rechtliche und ökonomische Entmündigung niederschlug.

Statt das sexuelle Kapital unbedacht als Möglichkeit zur Ermächtigung von Frauen zu sehen, gehen wir davon aus, dass es die fortdauernde geschlechtsspezifische Natur der sexuellen Drehbücher und die sattsam bekannte sexuelle Doppelmoral nicht grundlegend in Frage stellt – trotz zunehmender Belege dafür, dass junge Frauen in ihrem Sexualleben selbstbestimmter handeln und sich stärker an ihrem eigenen Begehren orientieren. Genauso wenig ändert es etwas an der zentralen Rolle von sozialem Geschlecht und Sexualität in der Aufteilung der Haushaltsarbeit, den Dynamiken am Arbeitsplatz und der allgemeinen Sex/Gender-Struktur der Gesellschaft.[7]

Mit dieser Sichtweise weichen wir auch von einer zweiten Argumentationslinie ab, die mit einer binär strukturierten Reihe allgemeiner Behauptungen zu den gegenwärtigen Sexualkulturen aufwartet. Ihr zufolge hat Sex überwiegend politische Bedeutung. Sex ist entweder widerständig, auf Überschreitung angelegt und ermächtigend oder ein Werkzeug der Beherrschung, Diskriminierung und Entmachtung.[8] Einige queere Theoretiker:innen haben die identitäre Logik hinter diesem binären Denken aufgedeckt und nachgezeichnet, wie sexuelle Identitäten der Logik des Marktes gehorchen. Diese Theoretiker:innen hinterfragen nicht nur die ideologischen Anwendungen des verbreiteten Glaubens an die Existenz von Sexualität und das Gebot, das wir unsere sexuellen Identitäten ausdrücken und uns nach ihnen richten sollen. Sie bezweifeln darüber hinaus die schiere Existenz »typisierter Formen der ›sexuellen und geschlechtlichen Vielfalt‹, die auf herkömmliche Weise um klare Identitätsmuster herum organisiert sind«.[9] Wie Leticia Sabsay anmerkt, scheint sich das Feld der kritischen Gesellschaftstheorie in letzter Zeit dem Gedanken geöffnet zu haben, dass sexuelle Identitäten nicht so abgeschottet sind, wie die frühere Theoriebildung angenommen hatte. Heute geht man vielmehr von einem fließenden Selbst aus, während sexuelle Identitäten als hybrid, mehrdeutig und diffus gelten. Doch münden, wie Sabsay weiter ausführt, beide Versionen sexueller Identität – die feststehende und die fließende – in ein hochproblematisches und sogar kontraproduktives politisches Projekt. Die Tiefengrammatik der klassischen liberal-demokratischen Sexualpolitik basiert auf Repräsentation und Anerkennung. Damit sexuelle Minderheiten gleiche Rechte erlangen und diese Rechte ausüben und bewahren können, müssen sexuelle Identitäten daher von den Individuen als kollektive Identitäten angenommen und auch als solche anerkannt werden. Manche queere Theoretiker:innen haben dagegen geltend gemacht, dass eine kollektive sexuelle Identifikation und Anerkennung zwar die bekannten Bürden der sexuellen Diskriminierung und Entmachtung zu erleichtern vermag, dass dieser Mechanismus allerdings neue Probleme schafft, etwa eine identitäre geschlechtliche Epistemologie, die auf sozialen Ausgrenzungen basiert und diese weiter zementiert. Je mehr sexuelle Unterschiede toleriert und als Grundlage für die Forderung nach politischen Rechten akzeptiert werden, desto essentialisierter und abgeschotteter werden die sexuellen Identitäten.

Sexuelle Toleranz ist heute ein Maßstab für den Grad an Demokratie in Nationalstaaten geworden.[10] Jasbir Puar hat dafür das Schlagwort »Homonationalismus« geprägt – »um die Komplexität des Prozesses zu verstehen, in dem Akzeptanz und Toleranz schwuler und lesbischer Subjekte zu einem Gradmesser für das Recht auf nationale Souveränität und die praktische Befähigung dazu geworden sind«.[11] Auch kann Toleranz gegenüber sexuellen Minderheiten auf nationaler Ebene lukrative Formen des Pinkwashing wie etwa den »schwulen Tourismus« stärken. Tel Aviv, eine Stadt, die sich des Rufs einer »Schwulenhauptstadt« erfreuen darf und in einem Land liegt, das eine gewaltsame militärische Besatzung ausübt, ist dafür ein gutes Beispiel.[12] In dieser Beziehung sind progressive sexualpolitische Programme nichts weiter als ein Hantieren mit »progressiv neoliberalen« Schlagwörtern wie sexuelle Vielfalt und Ermächtigung, die lediglich den faktischen Abbau sozialer Sicherungssysteme bemänteln.[13] Die meisten auf sexueller Identität beruhenden Projekte stehen somit für »eine Facette der Moderne und einen historischen Wandel, der durch die neue Stellung (mancher) homosexueller Körper als nationalstaatlich schützenswert gekennzeichnet ist, eine konstitutive und grundlegende Neuausrichtung des Verhältnisses zwischen Staat, Kapitalismus und Sexualität«.[14] Nancy Frasers Behauptung, dass diese Geschlechterkämpfe genau genommen »zur Neudefinition von Emanzipation in Marktbegriffen« beigetragen haben, bringt dies auf den Punkt.[15]

Die Betonung der sexuellen Freiheit als sozial grenzüberschreitend ist auch aus *analytischen* Gründen ein fehlerhafter und schwacher soziologischer Ansatz.[16] Der Fehler liegt darin, dass der Diskurs der sexuellen Befreiung zu einem Teil »ebenjener sozialen Prozesse geworden ist, gegen die angeblich rebelliert wird«.[17] Unsere Konzeptualisierung des neoliberalen Sexualkapitals versucht, diese binäre Logik zu überwinden, und markiert einen möglichen Ausweg aus dem Automatismus, Sexualitäten als entweder grenzüberschreitend oder unterdrückt zu bestimmen. Der Begriff des sexuellen Kapitals wird genau deshalb nützlich, weil er zugleich die (wahrgenommene) Möglichkeit sexueller Freiheit und die Tatsache anerkennt, dass die individuelle Freiheit in der Spätmoderne nicht nur mit der Marktfreiheit vereinbar geworden ist, sondern sogar eine Verlängerung von ihr darstellt.[18] Mit anderen Worten: Er erkennt an, dass die Freiheit und vor allem die sexuelle Freiheit inzwischen die normative Ausgangsbasis des zeitgenössischen Kapitalismus bildet.

Das dritte Argument, von dem wir uns abgrenzen, ist dennoch das einer Kommodifizierung der Sexualität. Gemäß dieser Auffassung besteht das Hauptproblem mit dem Sex darin, dass er die Menschen nicht befreit, sondern im Gegenteil nur zu einem weiteren vom Kapitalismus eroberten Bereich geworden ist. Vereinfacht gesagt gehen kritische Theoretiker:innen davon aus, dass sich im Zusammenhang mit der Umstellung des modernen Kapitalismus auf den Konsum ein »begehrendes Subjekt« herausgebildet hat; in diesem fortlaufenden Prozess der Entbindung libidinöser Energien und der Weckung neuer Verbraucherwünsche sei Sex ebenso zu einer Ware wie zu einem Mittel zum Verkauf anderer Waren geworden.[19] Man denke nur an die ganze Palette von Konsumgütern, angefangen bei Sexspielzeugen und erotischen Romanen bis hin zu romantischen Reisezielen, die den Verbraucher:innen in diversen Lebensstilmärkten feilgeboten werden.[20] Ken Plummer zufolge gibt es fünf große »miteinander verflochtene Märkte, in denen Sexualität konsumiert wird«,[21] nämlich die Märkte für sexualisierte »physische Körper« (wie im Sextourismus)[22], für sexuelle Darstellungen (Pornografie), für sexualisierte Technologien (Viagra) und Dinge (Sexspielzeug) sowie schließlich für Beziehungen (Tantra-Sexworkshops, Verführungsgemeinschaften).

Die Sexindustrie hat bekanntlich gewaltige Ausmaße angenommen; sie erzielt Milliardengewinne und stützt Konzernumsätze ebenso wie Volkswirtschaften und ist mit der Verlagerung der Pornobranche ins Internet zum Bestandteil des digitalen Kapitalismus geworden. Richtig ist auch, dass die sexuelle Bilderwelt die Öffentlichkeit bis in den letzten Winkel durchdringt und dass diese Sexualisierung der Kultur mit erheblichen gesellschaftlichen Folgen verbunden ist.[23] Trotzdem glauben wir nicht, dass diese beiden parallelen Prozesse – die Kommodifizierung des Sexes und die Sexualisierung der Kultur – unbedingt der beste Ausgangspunkt sind, um sich einen Reim auf die wirtschaftliche Rolle des

Sexes in der Gesellschaft zu machen. So kritisch wir den immer weiter ausgreifenden, offensichtlichen Prozessen der sexuellen Kommodifizierung gegenüberstehen, interessieren wir uns doch stärker für sexuelle Subjektivitäten und reale sexuelle Erfahrungen und Interaktionen als für sexuelle Objekte und Waren. Gerade weil Sex so allgegenwärtig und sichtbar, im Übermaß vorhanden und zugänglich, mit Idealen individueller Authentizität verwoben und extrem kommodifiziert ist, bezeichnet sexuelles Kapital ein komplexes System unterschiedlicher selbstwertsteigernder Fähigkeiten. Deshalb fragen wir: Könnte es in einer Welt scheinbaren sexuellen Überflusses, in der alle jede Menge guten, lustvollen Sex haben sollen, auch der Fall sein, dass manche Sex dazu benutzen können, ihren eigenen Wert zu steigern? Und wenn das wirklich so ist, dann warum? Wir möchten durch das analytische Prisma des *sexuellen oder erotischen Kapitals* zur soziologischen Analyse von Sexualitäten als einer Form der Ungleichheit beitragen, die im neoliberalen Kapitalismus auf unterschiedliche Weise institutionalisiert ist. Statt zu fragen, wie der Kapitalismus heteronormative und geschlechtsspezifische Drehbücher und Narrative reproduziert, drehen wir die Frage um: Inwiefern tragen die neoliberale Sexualität und der sexuelle Kapitalstock, den sie aufbauen kann, zur Reproduktion des Kapitalismus bei?

Eine Möglichkeit, die Strukturprinzipien des zeitgenössischen Kapitalismus in westlichen Gesellschaften zu beschreiben, besteht darin, mit Andreas Reckwitz zu behaupten, dass sich seit den 1980er Jahren eine »soziale Logik der Singularitäten« durchsetzt, die sich deutlich von der vorangegangenen modernen sozialen Logik des Allgemeinen unterscheidet.[24] Wir leben nicht mehr in der Welt der standardisierten Massenartikel. Stattdessen entscheiden sich die Verbraucher:innen für einzigartige, hand- und maßgefertigte Optionen. Die ökonomische Macht der Singularität liegt auch darin, wie der Kapitalismus das »Leben selbst« anzapft. Der Kapitalismus durchdringt das alltägliche Leben bis in den letzten Winkel und macht sich sämtliche Singularitäten zunutze. Im Ergebnis wird das Leben, wie man beispielsweise an YouTube-Influencer:innen sehen kann, zu Arbeit. Sex dürfte ein entscheidender Schauplatz für die Entfaltung und Reproduktion der neuen sozialen Logik der Singularität sein, die in Subjektivitäten und Märkten gleichermaßen am Werk ist. Für gewöhnlich wird Sex als eine von den Routinen des Alltags abgegrenzte Episode behandelt. Insofern er eine singuläre Erfahrung darstellt, wird er aber auch normativ als wesentlich nichtutilitaristisch wahrgenommen: Sex gilt als Selbstzweck, ob zur Fortpflanzung, zum Lustgewinn oder zur Pflege von Intimität. Nicht zuletzt ist er aufgrund seines intrinsischen Werts und seiner Einzigartigkeit üblicherweise mit starken Affekten verbunden, zu denen »Faszination, Erregung, Begeisterung und stille Zufriedenheit« gehören.[25]

Wir sind da skeptisch. In Bezug auf das umkämpfte Terrain der neoliberalen Sexualität versprechen wir uns wenig davon, der Einladung zu einer »freudvollen« soziologischen Analyse der Singularität von Sex Folge zu leisten.[26] Stattdessen schlagen wir vor, dass, obwohl Sex zwar ein entscheidender Schauplatz für das Ausleben geschlechtsspezifischer sexueller Drehbücher und für deren Reproduktion oder (trotz Hakim) Überwindung bleibt, sexuelles Kapital auch mit der Klassenzugehörigkeit zusammenwirken kann – freilich in einer Art und Weise, von der sich die Soziologie noch nicht vollständig Rechenschaft abgelegt hat. Sexuelles Kapital operiert in einer gesellschaftlichen und politischen Ordnung, die auf den Namen Neoliberalismus getauft worden ist, ein Passepartout-Begriff, der eine zunehmende Zuschreibung von Verantwortung an das Individuum in einem immer stärker deregulierten Markt impliziert. In den vergangenen drei Jahrzehnten haben Soziolog:innen auf die Notwendigkeit einer Wiederbelebung der Klassenanalyse gedrängt, wenn wir uns die Gefahren des Neoliberalismus in vollem Umfang bewusst machen wollen. Viele Analytiker haben die Auffassung vertreten, dass Klasse nicht einfach eine strukturelle und objektive Macht ist, die von oben über die Subjekte kommt. Die Kategorie der Klasse, so ihr Argument, ist auch maßgeblich psychologisch, insofern sie sich in der Erfahrung, in einem Körper zu leben und Gefühle zu haben, ihren Weg durch die Subjektivität selbst bahnt. Der Blick auf die Rolle der Subjektivität in der Bildung und Reproduktion von Klassen ist jedoch weniger geübt. Dessen ungeachtet werden derzeit vielversprechende Forschungen in diese Richtung unternommen, etwa über künstlerische, kreative und »leidenschaftliche« kulturelle Berufe, die sich durch ausgeprägte psychologische Investitionen auszeichnen. Aktuelle Studien haben nachgewiesen, dass solche kreativen Arbeiter:innen aus der Mittelklasse kein Jenseits der Arbeit kennen. Während die Arbeit äußerst prekär und unbeständig geworden ist und eine extreme Bereitschaft und Eignung von den Arbeitenden verlangt, fungiert sie also zugleich als ein tiefer Ausdruck ihres authentischen Selbst.[27] Folglich hängt die Arbeitsmarktfähigkeit genau von dieser Intensität des persönlichen Engagements und des leidenschaftlichen psychischen Einsatzes ab. Michèle Lamont brachte jüngst die Überlegung ins Spiel, dass die Pflege des eigenen Selbstwertgefühls, des subjektiven Wohlbefindens und der Resilienz einen möglichen Weg darstellen könnte, um die Zunahme struktureller materieller Ungleichheiten abzubremsen, sie schlug also letztlich eine Verbindung zwischen dem Psychologischen und dem Sozialen vor.[28] So entschieden wir uns gegen dieses psychologische Verständnis von Ungleichheit verwahren, möchten wir doch die These entfalten, dass Sex sehr wohl zu einem zentralen Schauplatz der Kultivierung von Selbstwert, Resilienz und Eignung geworden ist. Dieser Wandel veranschaulicht, in wie vielerlei Hinsicht das neoliberale Selbst dazu aufgerufen ist, die Gesamtheit seiner Vermögen und Dimensionen auszubeuten, um Zugang zum Markt zu finden und dort zu reüssieren. Anders gesagt: Der Blick aufs sexuelle Kapital eröffnet uns eine einzigartige Einsicht in die Bedeutung, die subjektive Erfahrungen und Seelenzustände für die Arbeitsmarktfähigkeit und Klassenreproduktion (der Mittelschicht) erlangt haben. Gefühlslagen und sexuelle Neigungen spielen nicht nur für Strategien der sozialen Mobilität eine wichtige Rolle, sondern auch für das individuelle Selbstverständnis am Arbeitsplatz.

In Anlehnung an die unlängst von Breanne Fahs und Sara McClelland erhobene Forderung nach größerer begrifflicher Klarheit auf dem wachsenden Feld der kritischen Sexualwissenschaft wollen wir die Metapher des sexuellen Kapitals in diesem kurzen Essay nicht nur in den Vordergrund rücken, sondern auch weiterentwickeln.[29] Über sexuelle Empfindungen, Reaktionen, Affekte, Körper, Identitäten, Diskurse, Beziehungen und Waren in Begriffen des Kapitals nachzudenken, eröffnet eine Möglichkeit, die Nuancen und Widersprüche des sexuellen und sozialen Lebens im neoliberalen Kapitalismus zu erklären. Zu diesem Zweck werden wir einige der verbreiteteren und zugegebenermaßen einseitigen Verwendungen der Metapher des sexuellen Kapitals problematisieren und, wie wir glauben, wichtige Verbesserungen dieser immer noch sehr fruchtbaren Weise des Nachdenkens über Geschlecht und Sexualität in unseren Zeiten vorschlagen. Dabei wollen wir ambitioniert und bescheiden zugleich sein. *Bescheiden*, insofern unsere Formulierung dieser Metapher realistischer ist als die bekannteren wissenschaftlichen Verwendungen des Begriffs. *Ehrgeizig*, weil wir ein besseres Verständnis davon erlangen wollen, wie »Sex und Macht kollidieren«,[30] indem wir den Klassenmechanismus hinter der ungleichen Verteilung des sexuellen Kapitals einbeziehen. Im letzten Abschnitt dieses Essays vertreten wir die kontraintuitive These, dass sexuelles Kapital auch ein

Faktor in der Reproduktion von Klassenhierarchien geworden ist.

Wir beginnen mit einem Überblick über den historischen Wandel von modernen zu spätmodernen Formationen von Sex und Sexualität. Bei diesem Übergang ist die moderne Unterscheidung von »gutem Sex«, der dem Bereich der Reproduktion angehört, und »schlechtem Sex«, nämlich dem in der Sphäre des Kommerzes, obsolet geworden. Diese Veränderung bildet die historische Grundlage, um zu erklären, wie Sex ökonomisches Kapital produziert – sei es direkt in Form sexueller Waren und Dienstleistungen oder indirekt in Form von Paarbildungspraktiken und der Herausbildung von Subjekten und Subjektivitäten. Diese theoretischen und historischen Betrachtungen erlauben uns die Entwicklung eines Begriffs des neoliberalen sexuellen Kapitals, das dazu dient, die Arbeitsmarktfähigkeit von Arbeitnehmer:innen vermittels ihrer persönlichen sexuellen Erfahrungen zu steigern.

2. Sexuelle Freiheit und sexuelles Kapital

Alle Menschen haben ein Geschlecht, aber nicht alle haben eine Sexualität, das heißt die Vorstellung, dass ihre Geschlechtsorgane sie und ihr Handeln bestimmen und wichtig für das Gedeihen ihres Selbst sind. Die Sexualität hat eine grundlegende Neudefinition von Identität und Selbstsein in der Moderne bewirkt. Dementsprechend fragt die Wissenschaft: Wie sind wir zu dem Glauben gekommen, dass Sex so wichtig dafür ist, wer wir sind? Warum halten wir modernen Sex und Sexualität für ein natürliches Triebgeschehen und Verlangen,[1] das um seiner selbst willen, für das Wohlergehen von Körper und Seele kultiviert und praktiziert werden muss? Der Wert und die Praxis der Freiheit, genauer gesagt der persönlichen Freiheit haben ihren Niederschlag in der Sexualität gefunden. Die Verbindung von individueller Autonomie und Selbstverwirklichung auf der einen Seite und sexueller Freiheit auf der anderen ist das Ergebnis eines langen sozialgeschichtlichen Prozesses. Ja, sexuelle Freiheit ist zu einem zentralen Grundsatz moderner westlicher Gesellschaften und zu einer der auffälligsten Erbschaften der Aufklärung geworden, deren Folgen »sich immer noch entfalten«.[2] In diesem Sinne schreibt der Soziologe Adam Isaiah Green:

> [I]n den vergangenen zwei Jahrhunderten haben sich breite strukturelle Verschiebungen im Zusammenhang mit dem Wachstum kapitalistischer Märkte, der Urbanisierung und dem sich wandelnden sozioökonomischen Status von Frauen mit technologischen und kulturellen Entwicklungen überschnitten – zu denen das Aufkommen der Geburtenkontrolle, die Popularität des Internets, der schwindende Einfluss der Religion und der Aufschwung sexpositiver Normen zählen. Zusammengenommen haben sie eine Sphäre des Sexuallebens hervorgebracht, die immer freier von traditionellen Kontrollinstanzen wie der Familie und der Kirche ist.[3]

Sexuelle Freiheit ist somit ein Bündel von Ideen, eine Matrix von Werten, ein kultureller Rahmen und eine Praxis, die enorme Auswirkungen auf moderne Institutionen und Beziehungen intimer wie ökonomischer Natur gehabt haben.

In den außerordentlich einflussreichen Schriften Michel Foucaults wird sexuelle Freiheit als Effekt neuer Formen des Wissens über das Selbst behandelt (wie sie insbesondere von der Psychiatrie und der Psychoanalyse entwickelt wurden). Der Argumentation von Eva Illouz zufolge haben jedoch Idee und Praxis der sexuellen Freiheit den zentralen sozialen Formen und der ökonomischen Logik des Konsumkapitalismus Vorschub geleistet.[4] Foucault indes blendete – vielleicht in seinem Bemühen, sich vom Marxismus abzugrenzen – die gewaltigen ökonomischen Fundamente der Sexualität wie auch die Sexualisierung der Kultur völlig aus. Doch wurde die sexuelle Freiheit in die ökonomischen und sozialen Felder integriert und in ein Kapital verwandelt, in eine ungleich verteilte Ressource, die unter unterschiedlichen soziohistorischen Bedingungen Vorteile verschiedener Art versprach. Wir wollen uns nun fragen: Welche Formen von Kapital sind es, die das moderne Ideal der sexuellen Befreiung annimmt? Und wie erfasst die Metapher des sexuellen Kapitals diese unbeständigen Formen?

Die moderne Sexualität ist durch einen doppelten Prozess charakterisiert: Einerseits wird Sex rationalisiert und (in wissenschaftlichen Wissensbeständen) objektiviert, andererseits wird Sex zu einem persönlichen Attribut, einer Identität und folglich einer Eigenschaft der individuellen und privaten Person, einem Aspekt des Kerns der eigenen Identität. Wir können diesen historischen Prozess theoretisch erfassen, indem wir davon ausgehen, dass Sex allmählich als eine relativ eigenständige Sphäre des menschlichen Handelns Autonomie erlangte, in etwa so, wie Pierre Bourdieu die Herausbildung des literarischen und anderer künstlerischer Felder beschrieben hat.[5] Eine gute Illustration dieser modernen Vorstellung von Sex findet sich in Max Webers Formulierung von einer »erotischen Sphäre«, einer der sechs von ihm postulierten Wertsphären. Nach Weber ging die sukzessive Sublimierung der Sexualität mit der zunehmenden Rationalisierung und Intellektualisierung der modernen Welt einher. Sex entwickelte sich auf diese Weise zu einer Zuflucht vor einer ansonsten kalten Welt:

> Die letzte Steigerung des Akzents der erotischen Sphäre vollzog sich auf dem Boden intellektualistischer Kulturen schließlich da, wo sie mit dem unvermeidlich asketischen Einschlag des Be-

rufsmenschentums zusammenstieß. Es konnte unter diesem Spannungsverhältnis zum rationalen Alltag das außeralltäglich gewordene, speziell also das ehefreie, Geschlechtsleben als das einzige Band erscheinen, welches den nunmehr völlig aus dem Kreislauf des alten einfachen organischen Bauerndaseins herausgetretenen Menschen noch mit der Naturquelle alles Lebens verband.[6]

Für Weber konnte die »Sensation einer innerweltlichen Erlösung vom Rationalen: eines seligen Triumphes darüber«, die Sex ermöglicht, entweder im innerweltlich »rein Animalische[n]« der sexuellen Beziehung gipfeln oder, durch die »Grenzenlosigkeit der Hingabe«, potenziell auch in einer außerweltlichen Erlösungsethik.[7] Dergestalt entlastet die Erotik die Menschen potenziell von ihren rationalistischen Geschäften und wirkt der Kälte des kapitalistischen Kalküls entgegen. Für Weber und in mancher Hinsicht auch für Georg Simmel ist Sex eine Form »der Selbstbehauptung gegen die unheimlich deformierenden Effekte der modernen und dann industriellen Zivilisation«.[8] Weber begriff also die Purifizierung des Erotischen und seine Abtrennung vom alltäglichen, rohen Leben als einen Schutzschirm gegen die kalte Bürokratisierung, die mit der rationalisierten kapitalistischen Entwicklung einherging. Die Befriedigung des sexuellen Begehrens von Männern (und vermutlich auch von Frauen) ist von jedem anderen Interesse als dem an sich selbst losgelöst. Obwohl Sex für Weber (wie auch für die anderen soziologischen »Väter«[9]) allemal verdächtig bleibt, wird er nunmehr soziologisch als eine eigene Sphäre des Handelns begriffen, die in der Moderne zunehmend an Bedeutung gewinnen sollte.

Wenn wir nun von einem solchen geschichtlichen Prozess der sexuellen Autonomisierung ausgehen, dann interessiert uns die Frage, worin die sozialen Folgen dieses Prozesses bestehen. Wenn Sex sowohl in der Gesellschaft als auch in der Soziologie zunehmend als ein Selbstzweck, als etwas an sich Wertvolles verstanden wird, woraus genau geht dann dieser Wert hervor? Begriff Weber die Erotik als eine Sphäre des Lustgewinns, so verspricht die autonom gewordene Sexualität in unseren Augen ganz andere Vorteile.

Gegen Weber erklären die Wissenschaftler, die die Herausbildung eines autonomen sexuellen Felds in der Gesellschaft dokumentiert haben, diesen Prozess insbesondere durch posttraditionale Einstellungen und den fortgeschrittenen Kapitalismus.[10] Eine wichtige soziologische Analyse der sexuellen Autonomisierung betrifft den Wandel der gesellschaftlichen Arrangements zur Regulierung der romantischen Liebe und der Ehe. Eva Illouz beschreibt in *Warum Liebe weh tut* einen parallelen Prozess zu dem Webers.[11] Ihre Studie zeichnet eine »große Transformation der Liebe« in der Moderne nach, in deren Folge selbstregulierende moderne Heiratsmärkte entstanden. Ethnische und religiöse Tabus zur Regulierung der Exogamie (der Partnerwahl) wurden dadurch erheblich abgeschwächt, der »Nutzen« einer Wunschpartnerin drehte sich nicht mehr nur um ihre oder seine gesellschaftliche (also wirtschaftliche) Stellung wie zuvor, sondern hatte nunmehr auch seelische, emotionale und sexuelle Seiten. Zunehmend basierte die Partnerwahl auf sexuellem Begehren und psychologischer Verträglichkeit.

Die bürgerliche Gesellschaft des Industriekapitalismus machte Sex gleichermaßen zum Gegenstand der Forschung und zum Schauplatz der persönlichen Identität. In zunehmendem Maße wurde die Sexualität als nichtmonetär und, wenn auch nicht so autonom wie bei Weber, doch als dem Marktgeschehen weitgehend enthoben verstanden, fantasiert und diskutiert. Anständiger, »guter« Sex wurde der häuslichen Sphäre der biologischen und gesellschaftlichen Reproduktion, also der Familie zugeschlagen. Es galt die normative Annahme, dass Sex und die Wirtschaft getrennte Dinge sein sollten oder tatsächlich sind. Interessanterweise wurden genau diese Ideale später, während der sogenannten ersten sexuellen Revolution in den 1920er Jahren, von verschiedenen sozialreformerischen Gruppen und Denkerinnen kritisiert. Manche dieser Sozialreformerinnen hielten die Domestizierung des Sexes für ein Merkmal der repressiven bürgerlichen Moral. Auf diese Weise verbanden sie Sex – jetzt diskursiv als »unterdrückt« gefasst – erneut mit der kapitalistischen Produktionsweise. Ein gutes Beispiel für diese Denkungsart findet sich bei Werner Sombart, der 1913 über den Glauben des Kleinbürgers schrieb, er müsse keusch sein, wolle er »nicht seine ganze Existenz aufs Spiel setzen. [...] [E]r muß zu der Überzeugung gelangen, daß Schulden machen und mit Vergnügungen und Liebesaffären seine Zeit vergeuden ihn an den Bettelstab bringt.«[12] Während die sexuelle »Repressivität« nach landläufiger Wahrnehmung im Dienste der Interessen des Kapitalismus zu stehen schien (ein Thema, das Herbert Marcuse später in seiner Kritik des eindimensionalen Menschen aufgriff),[13] entfaltete sich allmählich ein anderer Prozess, in dem die sexuelle Befreiung sehr viel direkter kapitalistischen Interessen dienen sollte.

***

Soziologen und andere Sexualforscherinnen verwenden den Begriff »sexuelles Kapital«, um zu erklären, wie sexuelle Subjektivitäten, Erfahrungen und Interaktionen, einschließlich sexueller Handlungen, Gefühle und Gedanken, von sozialen Akteur:innen in ökonomischen Märkten, Heiratsmärkten oder sexuellen Beziehungen zu ihrem Vorteil genutzt werden.

Wir versuchen, sexuelles Kapital mit Klassen- und Geschlechterverhältnissen zusammenzudenken, und verstehen es als einen Weg, um Status zu erwerben und wirtschaftlichen Gewinn zu erzielen. Damit schließen wir uns einem jüngeren Trend zu einer erneuten Auseinandersetzung mit materiellen Ungleichheiten durch eine »radikale politische Ökonomie« an, um Andrew Sayers Formulierung aufzugreifen. Für ihn ist eine radikale, moralische politische Ökonomie nicht »auf Fragen der Ungleichheit und Ausbeutung beschränkt«, sondern verfügt über ein ausgeprägtes Bewusstsein für »wirtschaftliche Verantwortung« und das »Allgemeinwohl«.[14] Thomas Pikettys Arbeiten wären ein offensichtliches aktuelles Beispiel für eine »Rückkehr zur Untersuchung materieller Realitäten«.[15] Eines der Defizite dieses ansonsten begrüßenswerten Ansatzes ist jedoch seine weitgehende Ausblendung nichtökonomischer Kapitaldefinitionen.[16] Wir hingegen wollen den Begriff des Kapitals erweitern und nichtökonomische, »unreine« Konzeptionen von Kapital in die Erforschung materieller und geschlechtlicher Ungleichheiten einbeziehen.[17] Wir glauben, dass ein erweiterter kapitalbasierter Ansatz sehr gut geeignet ist, um aufzuzeigen, wie Sexualitäten und Ungleichheiten gegenwärtig miteinander zusammenhängen. Den Grund dafür sehen wir mit Sayer darin,[18] dass eine wiederbelebte radikale politische Ökonomie untersuchen muss, wie Märkte, Geld und Kapital in die Lebenswelten eindringen und sie deformieren. Im letzten Abschnitt dieses Essays entwickeln wir dementsprechend die Idee, dass das neoliberale sexuelle Kapital ein spezifischer Mechanismus ist, durch den materielle Ungleichheiten fortbestehen. Bevor wir uns jedoch in unsere Typologie der vier Formen sexuellen Kapitals vertiefen, bieten wir zunächst eine kurze Einführung in die grundsätzliche Idee eines sexuellen Kapitals.

3. Was ist sexuelles Kapital?

Wie oben ausgeführt, gibt es diverse Möglichkeiten, den Begriff des sexuelles Kapitals zu entfalten. Die vier Kategorien von sexuellem Kapital, die wir erörtern werden, unterscheiden sich darin, wie sie die beiden Bestandteile des Ausdrucks, also »sexuell« und »Kapital«, verstehen. Bevor wir uns mit ihnen befassen, wollen wir die Schlüsselbegriffe »Sex« und »Kapital« definieren.

Sex

Wie die Sexualhistorikerin Valerie Traub betont, müssen wir anerkennen, dass Sex als »eine Kategorie des menschlichen Denkens, Wollens, Verhaltens und Darstellens opak und unzugänglich ist und sich dem Verständnis entzieht«.[1] Was Sex ist und was nicht, ist schwer zu bestimmen. Deshalb haben Historikerinnen, so Traub weiter, und wir können die Soziologinnen hier getrost einschließen, die physischen Inhalte von Sex nur selten beschrieben.[2] Für uns ist der Bereich des sexuellen Erlebens ein Kontinuum, das sich vom Begehren über reale sexuelle Verhaltensformen, Handlungen und Fähigkeiten bis zu dem erstreckt, was als öffentliche Identitäten verstanden wird.[3] In unserer Typologie steht »das Sexuelle« für zwei sehr breite Bereiche menschlichen Handelns. Zum einen bezieht es sich auf die Sexyness und Attraktivität von Körpern, die diese für andere begehrenswert macht.[4] Ganze Industriezweige kümmern sich darum, dass sich Menschen attraktiver fühlen (durch Schönheitsoperationen, Reizwäsche, Fitness und vieles mehr) und sexuell erfolgreicher sind. Als sexy oder schön anerkannt zu werden, kann die eigene sexuelle Beliebtheit steigern und zur Maximierung von Lust beitragen. Die zweite weitgefasste Bedeutung »des Sexuellen« bezieht sich unmittelbar auf den Bereich des sexuellen Erlebens und Selbstausdrucks und umfasst »alles, was uns heiß macht«.[5] In Wirklichkeit sind beide Bereiche natürlich aufs engste miteinander verbunden.[6] Nichtsdestotrotz müssen sie analytisch unterschieden werden.

Die Metapher des sexuellen Kapitals wurde zuerst im Zusammenhang einer Forschungsarbeit über LGBTQ-Gemeinschaften und sexuelle Subkulturen entwickelt.[7] Es ist jedoch durchaus sinnvoll, sie auch auf heterosexuelle Beziehungen anzuwenden. In den vergangenen Jahrzehnten, in denen vielfältige Formen von Paarbildungen und sexuellen Arrangements entstanden sind, trat die konstruierte und kontingente Natur der Heterosexualität immer deutlicher hervor.[8] Dennoch bleibt die Heterosexualität institutionell stark verankert und (er)fordert endlose Arbeit zur neuerlichen Bekräftigung ihrer normativen Rolle.[9] Wir konzentrieren uns somit auf die Heterosexualität, weil sie einen Großteil ihrer alten moralischen Charakteristika bewahrt hat, auch wenn diese zunehmend an Stabilität verlieren. Zudem ist Heterosexualität im sozialen Raum nach wie vor weniger politisiert als andere Arten sexueller Beziehungen und wird im Allgemeinen als natürlich und privat erlebt. Nicht zuletzt ist Heterosexualität die Form von Sexualität, die die offensichtlichsten und greifbarsten Formen von Kapital einbringt.

Kapital

Was verstehen wir unter Kapital? Im ersten Band von *Das Kapital* bestimmt Karl Marx (ökonomisches) Kapital als Aneignung des Mehrwerts – der ausgebeuteten Arbeit anderer – und Rückfluss dieses Mehrwerts in die Produktionssphäre.[10] In diesem Verständnis ist Kapital »eine Menge von Gütern oder Geld, die sich, wenn sie für Arbeit eingetauscht wird, reproduziert und vergrößert, indem sie durch unbezahlte Arbeit Mehrwert erzielt«.[11] Das ist bereits eine sehr erweiterte und nicht fest umrissene Vorstellung von Kapital, insofern sie Kapital und Wert trennt. Bei Marx »durchläuft [das Kapital] drei unterschiedliche Formen, die des Geld-, des produktiven und des Warenkapitals. Mit jeder dieser Formen ist ein entsprechendes Verständnis von Kapital verbunden – als finanzielle Mittel, als Produktionsmittel oder als Ertrag, der einen Überschuss über die Investition verkörpert.«[12] Marx akzeptiert also die ursprüngliche, rein monetäre Bedeutung von Kapital, geht aber über sie hinaus. Geoffrey Hodgson zufolge war die ursprüngliche Bedeutung des Kapitalbegriffs eine rein ökonomische, doch erweiterte sie sich allmählich und umfasst heute (für ihn ungerechtfertigterweise) auch nichtökonomische Arten von Kapital.[13] Ausgehend von diesem ursprünglich minimalistischen Verständnis, das sich ausschließlich »auf Geld oder den Geldwert veräußerlichen Eigentums« bezog,[14] machten sich politische Ökonomen (wie Adam Smith oder eben Marx) und Soziologen (wie Pierre Bourdieu) daran, die Definition auf jede Ressource zu erweitern, die »zur Produktion von Wohlstand«[15] beitragen kann, sei diese Ressource ökonomisch oder sozial.

Andere erweiterte Kapitaltheorien meiden die Arbeitswertlehre und die Arbeiterklasse. Stattdessen konzentrieren sie sich auf die Mittelklassen und die verschiedenen Kombinationen ökonomischer Stellvertreterdaten wie Bildungsnachweise oder professionelle und technische Fähigkeiten, also das Humankapital und seinen beruflichen Nutzen für diese Schicht.[16] Wir selbst sind besonders von Bourdieus Feldtheorie und der kulturellen Wende beeinflusst, wenn wir davon ausgehen, dass Kapital auch nichtökonomischen Charakter haben und etwa kulturelle und soziale Formen annehmen kann.[17] Diese Kapitalformen hat Illouz um das emotionale Kapital oder die Art und Weise ergänzt, wie Gefühle für die Konkurrenz am und um den Arbeitsplatz geformt, eingeübt und ausgedrückt werden. Lamont wiederum hat den Begriff des moralischen Kapitals vorgeschlagen, der sich darum dreht, wie die moralische Kennzeichnung des Selbst und anderer jemanden in einem Feld markiert.[18]

Hodgson bilanziert diese Erweiterung des Kapitalbegriffs kritisch mit der Feststellung, seit den 1970er Jahren sei der Ausdruck »Kapital« in einem solchen Ausmaß auf nahezu jedes dauerhafte Objekt, Merkmal, persönliche Attribut oder soziale Verhältnis, das ökonomisch von Nutzen sein könne, angewandt worden, dass der Begriff jegliche Erklärungskraft verliere.[19] Dieser Kritik ungeachtet halten wir am erweiterten Kapitalbegriff fest, dessen Bedeutung über den rein monetären Bereich hinausgeht und (scheinbar) nichtökonomische Bereiche der Akkumulation und Investition wie den der sexuellen Erfahrung einschließt. Dieser analytische Schritt ist durchaus wichtig für unsere Erörterung des sexuellen Kapitals, die den Bereich des Sexuellen als integralen Bestandteil der sozialen – *und* ökonomischen – Ungleichheiten betrachtet, wenn er sich auch nie ganz auf sie reduzieren lässt.

Der erste Grund, warum wir den Begriff des Kapitals erweitern, ist rein definitorisch. Jüngere Untersuchungen haben gezeigt, dass nicht einmal innerhalb der Wirtschaftswissenschaften Konsens über die Bedeutung von »Kapital« besteht. In ihrer Ideengeschichte des modernen ökonomischen Denkens zum Kapital stellen Anthony Endres und David Harper fest, dass Ökonomen »Kapital« zu unterschiedlichen Zeiten metaphorisch unterschiedlich aufgefasst haben.[20] Im 20. Jahrhundert wurden immer wieder neue theoretische Ansätze zum Verständnis des Begriffs entwickelt, die stets unterschiedliche ontologische Annahmen über das Wesen der (ökonomischen) Realität bedingten. Abgesehen vom mangelnden wissenschaftlichen Konsens ist unser zweiter Grund für die hier vorgenommene Ausweitung des Kapitalbegriffs analytischer Natur. Ökonomische und soziologische Metaphern rücken *bestimmte* Aspekte der wirtschaftlichen und gesellschaftlichen Realität in den Vordergrund, während andere in den Hintergrund treten. *Genau deshalb benötigen wir einen erweiterten Kapitalbegriff*: Verschiedene Arten von Kapital entsprechen verschiedenen Formen von Ungleichheit und verschiedenen sozialen Weisen der Akkumulation (oder Nichtakkumulation) ebenjener Vorteile, die diese sozialen Ungleichheiten erst hervorbringen.[21] Für Laurent Thévenot bringt »[d]ie Diversifizierung der Kapitalvariablen nicht einfach nur weitere Arten von Kapital ins Spiel«. Die vielen Formen von Kapital werfen vielmehr ein Licht auf

> die irreduzible Heterogenität der Art und Weise, wie Menschen ihre Aktivposten »kapitalisieren« und ihr Kapital aufwerten können, eine Vielfalt, die ich als »Weisen der Koordination« mit anderen, sich selbst und der umgebenden Welt bezeichne. Es gibt keine »Kapitalrendite« ohne eine angemessene Koordinationsweise, die eine bestimmte Art der Aufwertung von Kapital festlegt.[22]

Wie oben erwähnt, ist die soziologisch am besten erforschte Koordinationsweise jene der Anhäufung kulturellen Kapitals mitsamt den sozialen Vorteilen, die sie den Mittel- und Oberklassen einbringt. Die umfassenden Forschungen zum kulturellen Kapital vor allem in der Kultur- und Bildungssoziologie weisen darauf hin, dass die in der familiären Frühsozialisation erworbenen Bedeutungsvorräte und Fähigkeiten die späteren Ergebnisse in Bildungssystem und Arbeitsmarkt vorprägen.[23] Das kulturelle Kapital beeinflusst das weitere Erwachsenenleben in Form klassenspezifischer Konsum- und Lebensstilvorlieben, und diese Geschmacksprägungen signalisieren wiederum Status und Angemessenheit.[24] Die anderen Kapitalformen, die von Bourdieu und anderen Soziologinnen dieser Schule entwickelt wurden, sind ebenfalls in ihren eigenen spezifischen Feldern und entsprechenden Koordinationsweisen verankert. Dadurch, dass sie die Bedeutung von Kapital über monetäre Investitionen und Erträge auf rein wirtschaftlichem Feld hinaus erweiterten, gelang diesen Soziologen ein differenzierterer Einblick in das Zusammenspiel verschiedener Arten struktureller Ungleichheit, die sich manchmal überschneiden, manchmal aber auch einfach gegenseitig verstärken.[25]

Sexuelles Kapital

Das führt uns zu der Frage, was man sich unter sexuellem Kapital vorstellen soll. Welcher Art sind die Vorteile, zu denen der Vorrat an verkörperten und individuell verfügbaren sexuellen Fähigkeiten verhelfen kann? Sind diese Vorteile lediglich sexueller Natur, oder können sexuelle Aktivposten auch nichtsexuelle Vorteile einbringen? Und wenn ja, lassen diese sich dann in die ökonomische Sphäre übertragen, wie einige Soziologen unter dem Einfluss von Bourdieus Arbeiten zum symbolischen Kapital behaupten?[26] Anders formuliert: Unter welchen Bedingungen kann sexuelles Kapital wirtschaftlich wertvoll werden? Um diese Fragen zu beantworten, geht der folgende Abschnitt von der üblichen Unterscheidung zwischen den beiden Schauplätzen der Koordination sexuellen Kapitals aus: der ökonomischen Sphäre der *Produktion* und der Arbeitgeber-Arbeitnehmer-Beziehungen sowie der häuslichen Sphäre der *Reproduktion*. Wie jedoch beim Übergang vom *sexuellen Kapital als Mehrwert des Körpers* (Kategorie 2) zu Sexyness und *verkörpertem Sexualkapital* (Kategorie 3) hoffentlich deutlich werden wird, ist diese Unterscheidung nicht nur ideologisch (worauf bereits viele Feministinnen hingewiesen haben[27]), sondern auch ontologisch kaum aufrechtzuerhalten. Heute lässt sich die analytische Trennung zwischen den Bereichen der materiellen Produktion und der sozialen Reproduktion nicht mehr beibehalten. Wir sind vielmehr mit einer sexuellen Welt konfrontiert, in der es immer schwieriger wird, Sexarbeit von häuslichem Sex als »Gabe« und anderen Formen von Arbeit zu unterscheiden. Diese Veränderungen bilden den größeren Kontext, in dem sich das *neoliberale sexuelle Kapital* (Kategorie 4) herausbildet.

4. Formen sexuellen Kapitals: Die vier Kategorien

Wenden wir uns nun unserer Typologie vier verschiedener Formen von sexuellem Kapital zu. Diese Typologie ist teils historisch, teils analytisch. Darin folgen wir Nancy Frasers historisch-analytischer Argumentation, der zufolge die ungezügelten Kräfte der Akkumulation in jedem historischen Stadium des Kapitalismus regelmäßig in Spannung geraten und oftmals die Praktiken der sozialen Reproduktion destabilisieren.[1] Die jeweiligen Erscheinungsformen dieses Widerspruchs ändern sich, ihre Quelle aber bleibt dieselbe, gründet sie doch in der kapitalistischen Gesellschaftsstruktur. Jede Kategorie des sexuellen Kapitals ist somit als Manifestation einer historisch spezifischen Gestalt der Spannung zwischen der Reproduktion des gesellschaftlichen Lebens und der Kapitalakkumulation zu verstehen.

Wir identifizieren vier Idealtypen sexuellen Kapitals und führen näher aus, wie sie in wirtschaftlichen und sozialen Beziehungen genutzt werden. Es sind:

(1) *Vorgegebenes sexuelles Kapital: Keuschheit und Häuslichkeit*. Hier wird der Ruf einer Frau auf dem Heiratsmarkt beschädigt, wenn sie ihre »Jungfräulichkeit« verliert. Keuschheit (sexuelle Enthaltsamkeit) spielt somit die Rolle eines positiven Sexualkapitals und macht eine Frau auf einem Heiratsmarkt attraktiv. Historisch ist sie

das erste Anzeichen dafür, dass der Sexualität ein sozialer Wert beigemessen wird, wenn auch in Form ihrer Negation. Keuschheit funktioniert in einer vom religiösen Patriarchat bestimmten Gesellschaft kapitalbildend. Sie zeigt damit an, wie der weibliche Körper von Männern markiert und kontrolliert wird und wie ihr moralischer Wert in den ökonomischen Vorteil konvertiert werden kann, den eine Heirat in traditionellen Gesellschaften darstellt.

(2) *Sexuelles Kapital als Mehrwert des Körpers.* Diese Kategorie besteht in der Fähigkeit, den sexuellen Körper zu einer Ware zu machen, etwa in Form von Prostitution und anderen Formen der Sexarbeit. Als historisches Phänomen erstreckt sich die Prostitution von traditionellen Gesellschaften bis zur zeitgenössischen Sexindustrie. Die Monetarisierung der Sexualität ist hier unmittelbar und explizit. Sex wird gegen Geld getauscht. Wir können sogar von einer Kommodifizierung sexueller Dienste sprechen, wenn nämlich unterschiedliche Formen der sexuellen Interaktion einen unterschiedlichen Preis haben.

(3) *Verkörpertes sexuelles Kapital.* Dies ist eine eher indirekte Form von Kapital. Sie drückt sich in dem Umstand aus, dass unter dem Regime des skopischen Kapitalismus, wie Illouz ihn nennt, eine ganze Reihe von Branchen Mehrwert aus dem sexualisierten Körper und dem sexuellen Selbst zieht.[2] Das heißt im Wesentlichen, dass die Losung »Sex sells« nicht nur in der Sexindustrie im engeren Sinne gilt, sondern ebenso im Bereich der Kulturproduktion und der kulturellen Bilderwelten.

Davon bleibt auch die Sphäre der zwischenmenschlichen Beziehungen nicht unberührt, in der sexuelle Attraktivität und »Erfahrung« zu entscheidenden Größen für die Fähigkeit zum Eingehen und Aufrechterhalten von Partnerschaften werden. Wie das Phänomen der »Incels«, der sexuell Abstinenten wider Willen zeigt, können manche in solchen Märkten auch auf der Strecke bleiben.

(4) *Neoliberales sexuelles Kapital.* Diese Form sexuellen Kapitals bildet die Neuerung unserer Studie. Sie besteht darin, dass viele Menschen sexuelle Entspannung in Gefühle von sozialer Kompetenz, von Selbstwirksamkeit und Selbstwert zu übersetzen vermögen, die ihrerseits eine proaktive, unternehmerische Einstellung nähren können, wie sie von Arbeitgeberinnen gesucht wird. Wie wir noch ausführen werden, ist dies eine spezifisch spätmoderne Form von sexuellem Kapital, die wir deshalb als *neoliberal* bezeichnen.

Bevor wir die vier Kategorien des sexuellen Kapitals näher erläutern, ist ein kurzer historischer Überblick über die moralische Ökonomie der modernen Sexualität angebracht. Dieser Abriss soll im Wesentlichen zwei Dinge zeigen. Während Sex und Sexualität erstens immer in die Sphäre der Wirtschaft eingebettet waren (was für Heiratsmärkte nicht weniger gilt als für Prostitution und Sexarbeit), ist diese Einbettung, also die Tatsache, dass Sex und Sexualität dem Kapitalismus nicht äußerlich gegenüberstehen, den Betroffenen nicht immer bewusst (wie wir bei Weber gesehen haben).[3] Zweitens verliert sich die moralische Verurteilung der Einbettung des Sexes in die Sphäre der Ökonomie im Lauf der Zeit allmählich. Mit der genuin neoliberalen Nivellierung der Grenzen zwischen den Welten der Arbeit und der Nichtarbeit ist der Tauschwert von Sex und Sexyness öffentlich stärker anerkannt worden und hat gesellschaftliche Akzeptabilität erlangt.[4] Das heißt natürlich nicht, dass sich heutzutage beispielsweise eine Mehrheit dafür entscheiden würde, ihr Geld mit Sexarbeit zu verdienen. Doch gibt es Anzeichen dafür, dass sich ein Phänomen wie die »weiche Prostitution« in Teilen der Mittelklasse ausbreitet und dass nicht alle Sexarbeiter:innen zwangsläufig abgewertet werden und es ihnen an Selbstwertgefühl mangelt.[5] Joanna Brewis und Stephen Linstead zitieren eine ihrer Informantinnen wie folgt:

> Ich bin gerne Sexarbeiterin, weil ich einer Elitegruppe vielseitiger professioneller Arbeitskräfte angehöre. Ich bin zu unterschiedlichen Zeiten Liebhaberin, Psychiaterin, Lehrerin, Beraterin, Pädagogin, Masseuse, Therapeutin und manchmal alles zugleich. Ich mag Rollenspiele … mir gefällt es, dass ich meinen vielen Kunden helfe, ihre Einsamkeit zu verscheuchen. Manche dieser Männer sind Witwer, manche haben Probleme damit, eine Beziehung aufrechtzuerhalten, manche hatten nie eine Beziehung. Es gibt mir ein gutes Gefühl, ein intimes Erlebnis mit diesen Männern zu teilen, eines, das warmherzig, sinnlich und liebevoll ist und von dem sie hoffentlich etwas mitnehmen können.[6]

Hier wird die Sexarbeit zu einer professionellen Tätigkeit therapeutischer Art und somit zum Anzeichen eines allmählichen Vordringens sexualisierter Formen von

Arbeit in den legitimen Arbeitsmarkt. Wie aber wurde die wesentlich private, nichtmonetäre *Einzigartigkeit* sexueller Erlebnisse in den neoliberalen Arbeitsprozess integriert, um ein neoliberales sexuelles Kapital hervorzubringen, also unsere vierte Kategorie?

Wir versuchen im Folgenden, diese Frage zu beantworten, indem wir besonders drei Dimensionen in den Vordergrund stellen. Die erste ist die *der Verortung des Sexes*. Hier geht es um die Frage, ob Sex als Bestandteil der Produktionssphäre empfunden wird, der über einen Tauschwert verfügt, oder ob man ihn der Privatsphäre zurechnet und als nichtberufliche Betätigung versteht, die allein einen Gebrauchswert kennt. Diese Dimension wollen wir sowohl mit feministischen als auch mit queeren Theorien und Terminologien entschlüsseln. Die zweite Dimension ist der *geschlechtsspezifische (gendered) Charakter von Sex*: die Tatsache, dass Sex Skripten und Erfahrungsmustern folgt, in die Geschlechternormen und geschlechtliche Habitus eingeschrieben sind. Die dritte Dimension bezieht sich auf das *spezifische Terrain der sexuellen Betätigung*: die äußerliche Attraktivität eines sexuellen Körpers oder der Bereich des sexuellen Erlebens an sich.

Die Verortung des modernen genderspezifischen Sexes: »gute« Reproduktion oder »schlechte« Produktion?

Mit dem Aufkommen der Moderne setzte sich die Vorstellung durch, dass die häusliche Sexualität vom kapitalistischen System getrennt ist – und sein sollte. Wie wir bereits bei Weber gesehen haben, wurden sexuelle Beziehungen als potenzielles Gegengewicht zur instrumentellen Rationalität der modernen Wirtschaft verstanden. Dies war »guter« Sex, vor allem wenn er im Rahmen der Ehe stattfand. Doch gab es auch »schlechten« Sex, der von der Prostitution bis zur Geldheirat reichte.[7] Sex und Sexualität wurden also als potenziell aufbauend *und* destabilisierend fürs Gemeinwesen wahrgenommen, als lustvoll *und* gefährlich. Bereits das war ein bedeutender Unterschied zur frühmodernen Figur des Don Juan, die wir oben erörtert haben und die zu ihrer Zeit eine *religiöse* Bedrohung der moralischen Gesellschaftsordnung darstellte. In der modernen moralischen Ordnung sind die sexuellen Interaktionen *mancher* Menschen hingegen lediglich sexuelle Handlungen im Tausch gegen Geld oder Waren, während sie bei anderen eine soziale Beziehung auf der Grundlage von Intimität und Liebe darstellen. Wie wir weiter unten noch im Detail zeigen werden, ist der bestimmende Faktor der Ort der Interaktion.[8] Findet die sexuelle Begegnung in der Sphäre der Produktion statt, als flüchtiger Markttausch? Oder ist sie Teil einer zukunftsorientierten und emotional verbindlichen Beziehung, die in der häuslichen Sphäre angesiedelt ist und als Beitrag zur sozialen Reproduktion der Gesellschaft verstanden wird?

Zu einem erheblichen Teil beruhte diese Aufspaltung in »guten« und »schlechten« Sex auf der liberalen Überzeugung, dass geistiges und materielles Wachstum inkommensurabel sind. Das Marktinteresse *beruht* auf der Existenz interesseloser (geistiger, künstlerischer, intimer) Daseinsbereiche.[9] Diese Perspektive teilte das soziale Leben somit in die beiden vermeintlich separaten Bereiche der Produktion und der Reproduktion auf.[10] Offensichtlich brachten sich »schlechter« kommerzieller und »guter« häuslicher Sex in der Moderne gegenseitig hervor. Diese relationale Antinomie wird in Gayle Rubins »Sex-Hierarchie«-Diagrammen sehr schön dargestellt.[11] Wie Rubin zeigt, wurde monogamer, heterosexueller, beziehungsbasierter und nichtkommerzieller Sex kulturell von nichtnormativem Sex wie homosexuellem oder, für uns wichtiger, kommerziellem Sex abgegrenzt.

Im Unterschied zu häuslichem Sex erbringt kommerzieller Sex unmittelbar monetäres Kapital, wie in der Prostitution und Sexarbeit. Das ist ein wichtiger Grund, warum kommerzieller Sex als moralisch dubios galt (und großenteils auch heute noch gilt). Hier wird Kapital durch sexualisierte Arbeit geschaffen, jene faktischen sexuellen Dienstleistungen, die (überwiegend) Männer von (überwiegend) Frauen kaufen. Gewiss hat sich die globale politische Ökonomie des kommerziellen Sexhandels in der jüngeren Vergangenheit enorm gewandelt.[12] In seiner gegenwärtigen »unternehmerischen« Form ist er zweifellos nicht mit der im 19. Jahrhundert oder selbst der in der ersten Hälfte des 20. Jahrhunderts zu vergleichen. Aber sowohl in modernen als auch in spätmodernen Gesellschaften generiert die Sexarbeit von Sexarbeiterinnen Geldkapital.

Die Antinomie zwischen »gutem« und »schlechtem« Sex bewirkte aber mehr als nur die Entgegensetzung von zweierlei Sexualmoral. Die moderne normative Verweisung von »gutem« Sex in die Sphäre der Reproduktion und liebevoller Sozialbeziehungen brachte Sex nicht nur als das Gegenteil von utilitaristischem Kommerz und eigennützigem Verhalten in Stellung. Sie versetzte Sex und Sexualität auch in einen kausalen, strukturellen Zusammenhang mit dem wirtschaftlichen Funktionieren von Gesellschaften. Interessanterweise behandelten einige zeitgenössische Autoren Sex als ein Prisma, durch das sich die gesellschaftlichen Veränderungen und der Vormarsch des Kapitalismus studieren ließen. Berühmt wurde die These des politischen Ökonomen Bernard Mandeville, der im 18. Jahrhundert die Überschneidungen zwischen Sex und der sich entwickelnden gewerblichen Wirtschaft untersuchte und dabei auf die Vereinbarkeit privater (sexueller) Laster und Eigeninteressen mit dem allgemeinen Gut der wirtschaftlichen Entwicklung verwies. Obwohl er die Prostitution für ein Laster hielt, behauptete er, eine regulierte Prostitution sei sowohl der Wirtschaft als auch der Sittsamkeit tugendhafter Frauen der bürgerlichen Gesellschaft zuträglich.[13] Mandevilles Überlegungen zur Bedeutung der privaten sexuellen Erfüllung für ein reibungsloses Funktionieren der kapitalistischen Produktion erlangten allmählich kulturelles Ansehen. Zu Beginn des 20. Jahrhunderts setzte sich die Idee durch, dass eine rationalisierte »gute« Sexualität der Wirtschaftsproduktion förderlich sei. Dieser Gedankenwelt zufolge stützte »guter« Sex regelrecht die kapitalistische Produktion. Ihr zufolge soll die Sphäre der Reproduktion

> die des Marktes nicht nur ergänzen, also aufbessern, was die Marktbeziehungen leisten; sie ist mehr als ein Sicherheitsnetz, insofern sie für die Herausbildung von Subjekten erforderlich ist, die zwischen dem Verhandelbaren und dem Unveräußerlichen unterscheiden können und erwarten dürfen, dieser Unterscheidung gemäß behandelt zu werden.[14]

In einer Formulierung wie dieser ist Sex für die kapitalistische Produktion gerade deshalb wichtig, weil er zu jener nichtmarktförmigen Sphäre der Reproduktion gehört, in der Subjekte kultiviert, aufgezogen und reproduziert werden, kurz: in der sie zu vollentwickelten Subjekten (im doppelten Wortsinn) gemacht werden.

Dass Sex und Sexualität nicht nur durch Markttransaktionen, sondern auch in der Privatsphäre Wertzuwächse für das Kapital erzielen, ist Gegenstand einer anhaltenden, ausgearbeiteten feministischen Kritik. Dieser Kritik zufolge ermöglicht die wirtschaftliche Abhängigkeit von Frauen die Ausbeutung ihrer Sex-, Reproduktions- und Gefühlsarbeit und allgemeiner die Funktionstüchtigkeit und Perpetuierung des patriarchalischen Kapitalismus.[15] Somit war die Regulierung der Sexualität in den Grenzen der fortpflanzungsorientierten und später romantischen – oder beziehungsorientierten –

Heterosexualität ein Schlüsselelement der kapitalistischen Produktionsweise und Kapitalakkumulation.[16] So glaubten auch Antonio Gramsci und vor ihm Sigmund Freud, dass Männer ein erfülltes privates Sexualleben haben müssen, um vernünftig arbeiten zu können.[17] Feministische Wissenschaftlerinnen stellten folgerichtig fest, dass »der Prozess der Reproduktion der Arbeitskraft/Sexualität in unseren Gesellschaften auf Kosten der Frauen und ihrer Arbeit geht«.[18]

So gesehen entfremden sich Frauen ihr Sexualvermögen und bedienen sich ihres Aussehens oder ihrer Geschlechtsorgane in einer Weise, die Mehrwert und Kapital entweder für die Sexindustrie oder allgemeiner für die Gesellschaft in Form der biologischen Reproduktion erzeugt.[19] Damit sollen die grundlegenden Unterschiede zwischen der Sexindustrie und der häuslichen Sphäre nicht verwischt werden. Nichtsdestotrotz wird ökonomisches Kapital in den meisten Fällen unserer zweiten Kategorie, *sexuelles Kapital als Mehrwert des Körpers*, durch die männliche Ausbeutung der weiblichen »Sexualitätsmittel« geschaffen.[20] Das wohl veranlasste Catherine Hakim zu ihrem Appell an die Frauen, diese Logik umzudrehen und im legitimen Arbeitsmarkt von ihren sexuellen Pluspunkten zu profitieren, statt den Tausch ihrer Sexualität mit Männern auf den häuslichen Bereich zu beschränken.[21]

Eine andere Möglichkeit, das sexuelle Kapital durch die dreidimensionale Brille von Verortung, sozialem Geschlecht und dem spezifischen Terrain des Sexuellen zu historisieren, bestünde darin, an eine ganz andere

Forschungstradition anzuknüpfen. Diese konzentriert sich auf den sexuellen Status und die Binnenhierarchien der Begehrtheit der Beteiligten in verschiedenen sexuellen »Feldern« oder Subkulturen wie Schwulenkneipen, Speeddating oder Tinder-Treffen.[22] Sexuelle Felder können sich von »einem Punk-Nachtclub in New York«[23] über städtische Schwulenviertel bis hin zum nationalen Maßstab erstrecken.[24] Diese Forschungstradition entstand in den 1930er Jahren, als die Dating-Gewohnheiten an amerikanischen Colleges in ihrer Funktion als Heiratsmärkte in den Blick genommen wurden,[25] widmet sich heute aber überwiegend flüchtigen Kontakten zum Gelegenheitssex.

Für eine Theorie sexueller Felder besitzen bestimmte soziale Akteure mehr sexuelles Kapital als andere. Sie befinden sich damit in einer besseren sozialen Position, um mit mehr attraktiven Personen mehr Sex zu haben und dadurch Statusgewinne zu erzielen.[26] Eine solche Konkurrenz um sexuellen Status beruht auf kollektiven Schemata zur Bewertung sexueller Attraktivität, die von den Beteiligten in diesem Feld geteilt werden. Die entsprechenden Werturteile können höchst spezifisch sein, wie im queeren sexuellen Feld der sogenannten Bärenszene, oder sehr viel weiter gefasst, wie in Martin Weinbergs und Colin Williams Studie über eine Transgender-Bar in San Francisco.[27] Diese Forscher stellten fest, dass asiatische Transfrauen am attraktivsten für die männlichen Besucher waren, weil ihr geschlechtsspezifisches Verhalten, ihre Gender-Performativität, am stärksten als weiblich wahrgenommen wurde. Ähnlich zeigt Green, dass in einem weitgehend bürgerlich-weißen sexuellen Feld in Manhattan manche schwarzen homosexuellen Männer, die eine hegemoniale Männlichkeit zur Schau trugen, sexuelle Erfolge genossen, für langfristige Bindungen aber nicht im gleichen Maße in Frage kamen.[28] Ein letztes Beispiel für sexuelles Kapital entnehmen wir Ashley Mears' Arbeit über den internationalen Party-Jetset, in dem junge Frauen, die in der Regel nicht älter als 25 Jahre alt sind sowie schlank und besonders hübsch, schwerreiche Männer in Clubs treffen, in denen Essen und Trinken besonders teuer sind; unattraktive Frauen haben keinen Zutritt zu solchen Etablissements.[29] Die hochkarätige Gruppe, die sich in diesen Milieus bildet, setzt sich vor allem aus »Models oder Frauen, die wie Models aussehen«, zusammen, da Models in dem sozialen Feld, in dem es um sexuelles Kapital geht, an der Spitze der Hierarchie stehen. Milieus wie diese bringen neue Formen wirtschaftlicher Betätigung und neue Statusformen hervor, in diesem Fall etwa die (verschwommene) Tätigkeit von Männern, die darin besteht, Kontakte zwischen reichen Männern und schönen jungen Frauen anzubahnen, Netzwerke zu knüpfen und das Prestige einzuheimsen, das ihnen aus der Nähe von Schönheit und Geld erwächst. Auf den ersten Blick scheint Sex damit in die reproduktive Sphäre verwiesen, begegnen sich die Beteiligten doch ausschließlich, um sich zu vergnügen und ihren sexuellen Status zu pflegen. Doch sind sexuelle Felder auch Teil des »Beziehungsmarkts«,[30] um den herum sich ausgeklügelte Gewerbe wie zum Beispiel die »Verführungsgemeinschaften«[31] ansiedeln.

Zuletzt dreht sich das *neoliberale sexuelle Kapital* um den wirtschaftlichen Wert, den die Subjekte aus ihren sexuellen Eigenschaften, Fähigkeiten und Erfahrungen ziehen können. Auf den ersten Blick klingt das so ähnlich wie die Argumentation Catherine Hakims und anderer Vertreter der »Sexualökonomie«,[32] und in gewisser Weise ist es das auch. Doch unterscheidet sich die *neoliberale* Kategorie sexuellen Kapitals von *Rational-choice*-Varianten des erotischen Kapitals à la Hakim und Roy Baumeister et al., für die Sex im Wesentlichen eine weibliche Ressource ist, die mit den wertvollen Aktiva von Männern getauscht wird. Wir halten es dagegen für nützlicher, das neoliberale sexuelle Kapital nicht nur gender-, sondern auch klassenspezifisch zu verstehen.[33] Diese Form von Kapital ist weniger unmittelbar geschlechtsspezifisch, weil »Sex« hier weder für Fortpflanzung und Verwandtschaft noch für Sexyness steht, zwei Bereiche, die immer noch fast ausschließlich für Frauen als maßgeblich gelten. Das neoliberale sexuelle Kapital betrifft nicht nur Hierarchien erotischer Begehrtheit in der Gesellschaft und die daraus erwachsenden Tauschsysteme (etwa wenn Frauen ihre sexuellen Reize für nichtmaterielle Aktivposten von Männern »verkaufen«).[34] Wir verstehen diese Form von Sexualkapital (unsere vierte Kategorie) vielmehr als eine Variante des Humankapitals.[35] Gemeint ist damit, dass das Sexualleben – sexuelle Erfahrungen, Affekte und Wünsche – der Angehörigen der Mittelklassen ihre Arbeitsmarktfähigkeit verbessern kann.[36] Nicht Sexyness (die sexuellen Affekte, die ein Körper bei einem anderen erregt) nutzt das neoliberale

Sexualkapital aus. Statt der erotischen Attraktivität macht sich diese Art von sexuellem Kapital vielmehr die einzigartige Qualität sexueller Erfahrungen zunutze, die darin besteht, dass wir Sex auf einer rein subjektiven Ebene als ein Mittel zur Ausbildung eines Selbst erleben, das perfekt auf jene Fähigkeiten und Eigenschaften geeicht ist, in denen sich ganz grundsätzlich soziale und professionelle Kompetenz ausdrücken. Somit ist sexuelles Kapital Bestandteil derjenigen allgemeinen Strategien, die wir einsetzen, um etwas über uns selbst zu lernen, unser Selbstvertrauen und unsere Selbstachtung zu kultivieren, Risiken einzugehen und, vor allem vielleicht, um Beziehungen mittels Selbstbehauptung und Dominanz zu gestalten. Anders gesagt: Das neoliberale sexuelle Kapital, so unsere These, kann Vorteile mit sich bringen, die aus der sexuellen Arena stammen, aber weit über sie hinausgehen. Die Subjekte in der Mittelklasse neigen eher als andere dazu, aus ihrem Sexualleben Selbstwertschätzung zu schöpfen, und sind darüber hinaus besser in der Lage, ihr sexuelles Kapital in ihrem Berufsleben einzusetzen.[37] Wie wir zeigen werden, bedeutet dies nicht, dass das neoliberale sexuelle Kapital für Männer und Frauen auf die gleiche Weise funktioniert. Doch auch wenn manche Praktiken im Zusammenhang mit der Anhäufung von Sexualkapital nach Geschlechtern getrennt zu sein scheinen (Sexpartys für die männliche Hightech-Elite im Silicon Valley, polyamore Beziehungen für Frauen und ihre Partner), ändert dies nichts am grundsätzlichen Mechanismus: Sexuelle Erfahrungen in der Privatsphäre werden in der

Produktionssphäre nützlich, nicht als Sexarbeit, sondern in einem völlig »normalen« beruflichen Rahmen.

Historisch ist diese Form von sexuellem Kapital mit der Spätmoderne entstanden, als die Sphäre der ökonomischen Produktion und Erwerbstätigkeit immer enger mit der Sphäre der gesellschaftlichen Reproduktion (Sex, Sexualität, Familien und Intimbeziehungen) verbunden wurde.[38] Wir kommen zu dem Schluss, dass das neoliberale sexuelle Kapital nicht nur durch den neoliberalen Kapitalismus geprägt ist, sondern ihn auch zusätzlich legitimiert und fördert.

Um den bislang umrissenen analytischen Rahmen mit Inhalt zu füllen, beschreiben wir im Folgenden unsere vier Kategorien: *Vorgegebenes sexuelles Kapital, sexuelles Kapital als Mehrwert des Körpers, verkörpertes sexuelles Kapital* und *neoliberales sexuelles Kapital als Steigerung der Arbeitsmarktfähigkeit der Arbeitnehmerinnen.*

Vorgegebenes sexuelles Kapital: Keuschheit und Häuslichkeit

Die oben diskutierte normative Aufspaltung in »guten« und »schlechten« Sex beruhte auf einer Reihe von Unterstellungen über die Rollen der Geschlechter. Wie Faramerz Dabhoiwala schreibt, »warf die Neuausrichtung von Männlichkeit und Weiblichkeit durch die Aufklärung einige der heikelsten gesellschaftlichen und ethischen Fragen für die Welt der modernen Sexualität auf. [...] Wie sollten sich Männer und Frauen verhalten?«[39]

Viele Wissenschaftler sind sich einig, dass gegen Ende des 18. Jahrhunderts ein sehr grundlegender Wandel der allgemeinen Einstellung zur Sexualität von Mann und Frau einsetzte.[40] Frauen wurden entsexualisiert, denn die Überzeugung setzte sich durch, sie seien von Natur und Geburt aus, aber auch nach wissenschaftlichem Befund das keuschere Geschlecht (und Männern deshalb moralisch überlegen). Sie verfügten über eine Form von *vorgegebenem sexuellem Kapital* – eine Idee, hinter der sich eine doppelte Geschlechterideologie verbarg. Das war zum einen die Abgrenzung moralischer von unmoralischen Frauen mittels der Dimension des Geldes, also der Frage ihrer Käuflichkeit. Das durch christliche Ideale sexueller Enthaltsamkeit geprägte Patriarchat unterschied keusche von unkeuschen Frauen und Sex für Geld von Sex zur Fortpflanzung im legitimen Rahmen der Ehe. Der zweite Aspekt jener Ideologie besagte, dass Frauen von Natur aus jungfräulich, sexuell gefügig und sogar leidenschaftslos sind.[41] Mit dieser kulturellen Kodierung fungierte Keuschheit als Zeichen von Klassenzugehörigkeit und Moral und konnte auf den bürgerlichen Heiratsmärkten im 18. und 19. Jahrhundert als Kapital eingesetzt werden. Im Gegenzug zu ihrer züchtigen Sexualmoral erlangten bürgerliche Frauen durch die Heirat wirtschaftliche Sicherheit und tauschten Fortpflanzung statt Sex zum Vergnügen gegen einen langfristigen ökonomischen Status statt einer einmaligen Geldtransaktion. In dieser streng geschlechtsspezifischen moralischen Ökonomie stützte das vorgegebene sexuelle Kapital das Ideal, dass alle »guten« – also nicht »gefallenen« – Frauen bis zum Beweis des Gegenteils keusch waren. Moralisch gestärkt wurde die Keuschheit dadurch, dass der ökonomische Charakter der Transaktion nicht als Käuflichkeit empfunden wurde.

Diese »saubere« Geschichte war natürlich historisch wesentlich nuancenreicher, nicht nur auf geschlechtlicher Ebene, sondern auch auf den Ebenen von Klasse, Ethnie und Ort. Wie die Geschlechterhistorikerin Hera Cook ausführt, brachte das 19. Jahrhundert erhebliche Veränderungen im Geschlechtsleben.[42] Im frühen 18. Jahrhundert waren viele Engländerinnen aus den niederen Ständen in unverbindliche sexuelle Praktiken verwickelt. Aufgrund des Drucks ihrer jeweiligen Gemeinschaften sahen sich Männer (und Frauen) gezwungen, Verantwortung für ihren Nachwuchs zu übernehmen, was zu einer langfristigen Stabilität auch bei unverheirateten Paaren führte. Im 19. Jahrhundert wandelten sich mit dem Aufschwung von Urbanisierung, Fabrik- und Lohnarbeit die Arbeits- und Lebensformen erheblich. Der Kapitalismus führte zu einer größeren Abhängigkeit der Frauen aus der Arbeiterklasse von Männern und machte sie damit sexuell schutzloser. Eine gesetzliche Ehe war folglich für Frauen ein begehrtes Gut, für das sie freilich einen Preis zu zahlen hatten:

> Wenn Frauen sich und ihre Kinder nicht mit ihrer eigenen Arbeit ernähren können, wird die Ehe oder ein eheähnliches Zusammenleben zu ihrem Beruf. In einer solchen Gesellschaft können Männer die Unterordnung der Frau verlangen, und eine erfolgreiche Ehefrau wird darauf achten, dass sie ihre Sicherheit nicht

durch unerwünschte Dreistigkeit, Koketterie oder Zurschaustellung sexueller Erfahrung aufs Spiel setzt.[43]

Ohne wirkliche Geburtenkontrolle führte die wirtschaftliche Unsicherheit von Frauen aus der Arbeiterklasse und der armen Bevölkerung in Verbindung mit der wachsenden moralischen, religiösen und politischen Macht des Bürgertums allmählich dazu, dass sexuelle Ehrbarkeit hegemonial wurde. Die viktorianischen Diskurse und Überzeugungen über Sexualität waren stark religiös geprägt und nährten Ideale der sexuellen Zurückhaltung und Selbstkontrolle.

Im 20. Jahrhundert setzte sich jedoch die Erkenntnis durch, dass die (»normale«) sexuelle Expressivität und Befriedigung der Schlüssel zu erfolgreichen Ehen, zum Selbstwertgefühl und sogar zu sozialer Kompetenz ist.[44] Tatsächlich wurde die sexuelle Befriedigung in der Ehe zum gesellschaftlichen Problem, zumindest für das ehrbare Bürgertum. Fehlte züchtigen Frauen jede sexuelle Erfahrung, so wurden viele Männer aus der (oberen) Mittelklasse sexuell im Milieu des käuflichen Sexes sozialisiert, wo niemand von ihnen verlangte, intim und rücksichtsvoll zu sein.[45] Diese Realität veranlasste Freud in seinem Aufsatz »Die ›kulturelle‹ Sexualmoral und die moderne Nervosität« zu der Feststellung, das Ehebett sei ein unglücklicher Ort: Männer seien selten potent und Frauen oft frigide. Von dieser sexuellen Notlage war nicht nur das Glück einzelner Frauen und Männer betroffen, sondern die Gesellschaft als ganze. Die Kommerzialisierung des Sexes und die Moral standen mithin am entgegengesetzten Ende des gesellschaftlichen Spektrums. Prostituierte, Frauen aus der Arbeiterklasse, die auf Gefälligkeiten von Männern aus waren, und Frauen, die zur *demi-monde* gehörten (Schauspielerinnen etwa), waren alle in einen wirtschaftlichen Kreislauf eingebunden, in dem sexuelle Gefälligkeiten gegen Geld getauscht wurden, während ehrbare Frauen ihre Rolle in einer häuslichen Einheit ausübten, indem sie die Gefahr, die die Sexualität für ihr sittliches Ansehen bedeutete, in Schach hielten.

Sex kann nicht nur deshalb eine soziale Funktion erfüllen, weil er bürgerlichen Männern dabei hilft, produktive Mitglieder der Gesellschaft zu sein, wie Freud behauptete.[46] Er sorgte auch dafür, dass der kleinbürgerliche Ladenbesitzer sparsam ist, wie wir schon bei Werner Sombart gesehen haben.[47] Guter, ehelicher Sex machte auch die Arbeiter zu effizienteren, folgsameren Arbeitskräften, wie der Autofabrikant Henry Ford seine Mitarbeiter instruierte.[48] Und so glaubten manche Zeitgenossen, dass der Kapitalismus auf sexuell repressive Verhältnisse angewiesen sei. Gerade dieser Zusammenhang zwischen der rationalisierten Sexualität von Wirtschaftssubjekten (unterschiedlicher Stellung) und ihrer Folgsamkeit und Nützlichkeit für die Kapitalakkumulation brachte einige deutsche und amerikanische Sozialrevolutionär:innen in den 1920er Jahren zu der Einsicht in die Dringlichkeit einer sexuellen Revolution.

Doch auch nachdem die häusliche sexuelle Befriedigung als wichtige Stütze der kapitalistischen Produktion anerkannt war, spielte die Keuschheit noch eine wichtige Rolle im Leben einer verheirateten Frau. Lisa Pruitt hat die Geschichte der Verleumdungsklagen von Frauen in den USA untersucht, die sich auf gerichtlichem Wege gegen Aussagen über ihr angeblich unzüchtiges Verhalten zur Wehr zu setzen suchten. Ihrer Darstellung nach waren Frauen bis an die Wende des 20. Jahrhunderts darauf bedacht, ihren sexuellen Ruf als Privatpersonen innerhalb ihres kleinen Kreises zu schützen: Die Frau »ging üblicherweise ganz in der häuslichen Lebenssphäre auf, abseits des kommerziellen Marktes, und es waren die Auswirkungen der beleidigenden Aussage auf ihre ›privaten Beziehungen‹, die ihre Verletzung ausmachten«.[49] Ab der Jahrhundertwende, behauptet Pruitt, erkannten die Gerichte zunehmend die wechselseitige Beziehung zwischen dem Privaten und dem Öffentlichen an und behandelten sexuelle Verleumdungen auch als potenzielle Beeinträchtigung der Arbeitsmarktfähigkeit von Frauen – ein Beispiel dafür, dass sexuelle Keuschheit über das Ansehen eine Rolle für die Heirats- und die Vermittlungsfähigkeit spielte.

Sexuelles Kapital als Mehrwert des Körpers

Gewisse Formen von Arbeit werden für die sexuellen Dienstleistungen entlohnt, die sie beinhalten. Dazu gehören Tätigkeiten, die (überwiegend) in der Sexindustrie ausgeübt werden, wie Prostitution, Pornografie und erotisches Tanzen.[50] 1970 wurde der Gesamtmarkt der

»Hardcore-Pornografie« auf fünf bis zehn Millionen US-Dollar geschätzt.[51] 1996 bezifferte der Journalist Eric Schlosser die Ausgaben von Amerikanern für Pornografie, Sexmagazine und dergleichen auf acht Milliarden US-Dollar.[52] 2018 veranschlagte eine seriöse Schätzung die Umsätze dieser Branche auf eine Zahl zwischen sechs und 15 Milliarden US-Dollar.[53] Die Internet-Plattform Pornhub wurde laut eigenen Angaben 2019 über 42 Milliarden Mal aufgerufen, was 115 Millionen Besuchen am Tag entspricht.[54] Die Forschungen zur Sexindustrie sind so vielseitig wie diese selbst. Wir wollen weder die Hauptfrontlinien in den Auseinandersetzungen dieses wissenschaftlichen Feldes nachzeichnen noch die schwerwiegenden menschlichen, politischen, wirtschaftlichen und sozialen Folgen der Sexindustrie für all jene bezweifeln, die ihre sexuelle Arbeitskraft auf dem Sexmarkt verkaufen. Stattdessen wollen wir die Aufmerksamkeit auf eine gewisse Verschiebung lenken, die unserer Meinung nach sowohl in den gesellschaftlichen Normen bezüglich Sexarbeit als auch in der Erfahrung mancher Menschen, die sie ausüben, stattfindet.

Wie oben ausgeführt, war in der Moderne der Austausch von Geld die Schwelle, die »guten« von »schlechtem« Sex unterschied. Dieser allgemein geteilten Vorstellung gemäß ist Sex gesellschaftlich akzeptabel oder sogar begrüßenswert – entweder zum Zweck intimer Beziehungen und der Fortpflanzung *oder*, in jüngster Zeit, als Gelegenheitssex rein zur Entspannung –, solange er (dem Anschein nach) außerhalb der Matrix des Kapitals angesiedelt ist. Unmittelbar monetarisierter Sex dagegen ist »schlecht«. Wenn der Körper der Hauptträger der Kapitalakkumulation ist,[55] dann ist die direkteste und primitivste Form monetären sexuellen Kapitals diejenige, die durch die Ausbeutung der *sexuellen* Arbeitskraft für gewöhnlich schutzloser armer Frauen, Männer und Kinder in der Prostitution angehäuft wird, wie viele Forscherinnen betont haben.[56] Doch ist der »gute« Sex seit einiger Zeit in einem Ausmaß kommodifiziert und in so vielen »verflochtenen Märkten«[57] wertvoll geworden, dass sich die fest verankerte moderne Unterscheidung zwischen »gutem« und »schlechtem« Sex kaum noch aufrechterhalten lässt. Davon bleiben auch die Realitäten der Sexarbeit und die Art und Weise der Bildung sexuellen Kapitals nicht unberührt. Eine bemerkenswerte Konsequenz der Erosion des ontologischen Unterschieds zwischen den Logiken der Gabe und des Kommerzes als Grundlage für das Sexualleben war die Entstehung einer Marktnische für käuflichen Sex, der stärker emotional geprägt und weniger mechanisch ist. Ein gutes Beispiel für diese neue Vielfalt ist der Markt für legale Bordelle im US-Bundesstaat Nevada. Gemäß der Beschreibung von Barbara G. Brents und Kathryn Hausbeck versuchen die Betreiber dieser legalen Bordelle, ihr Sexgeschäft beliebigen anderen regulären Dienstleistungen gleichzustellen.[58] Die unsichere, schäbige und schmuddelige Atmosphäre von Orten, an denen Sex verkauft und gekauft wird, gehört hier der Vergangenheit an.[59] Stattdessen »fördert die Umgebung eine offenere, ›party‹-ähnliche Atmosphäre und eine individuellere, weniger rationalisierte Interaktion«.[60] Brents und Hausbeck zufolge vermarktet Hof, ein solcher Betreiber,

> sein Bordell ausdrücklich als ein sexualisiertes touristisches Ziel oder, in seinen eigenen Worten, als eine »Singlebar mit echt guten Chancen«. [...] Wie Hof sagt, könne er mehr Geld aus Kunden herausholen, wenn er das »Produkt«, das die Kunden kaufen, eher als Erlebnis denn als Geschlechtsakt anlegt. Er behauptet, dass der Kunde »nicht aufs Zimmer gehen will, wenn er sich einem nicht nahe fühlt oder nicht das Gefühl hat, dass man befreundet ist oder dass sich da auch was Persönliches abspielt, okay?«.[61]

Dementsprechend erleben nicht alle Sexarbeiterinnen Traumata, direkte Ausbeutung oder einen völligen Verlust ihrer Handlungsfreiheit. So basieren auch digitale Plattformen zum Austausch von Amateur-Pornografie wie OnlyFans auf einem Beschäftigungsmodell der Selbständigkeit und erfordern keine Sexarbeit mit persönlich-physischem Kontakt. Die Darsteller:innen (Männer und Frauen) gehören der neuen Mittelklasse an, die auf flexible Arbeitszeiten Wert legt. Auch werden die Gewinne oft etwa in Form von Bildung oder Ausbildung in das eigene Humankapital investiert.[62] Dieses Gefühl von Entscheidungsfreiheit und Handlungsfähigkeit lässt sich auch in den traditionelleren Formen der Sexarbeit finden. Wie Teela Sanders behauptet, können manche Sexarbeiter:innen durch ihre Gefühls- und Sexarbeit verhindern, dass sie auf bloße Sexualobjekte reduziert werden.[63] Sie agieren und denken vielmehr wie Serviceanbieter. Durch diese Assoziation mit der »regulären« Dienstleistungswirtschaft können einige unter ihnen ihre eigene Sexualität vermarkten und ihre Marktattraktivität sowie ihre finanziellen Erträge steigern. Wie eine oben bereits zitierte australische Sexarbeiterin sagt: »Mir gefällt es wirklich sehr, dass ich höchst erfahren und professionell bin in dem, was ich tue, und die Kunden das anerkennen und dankbar dafür sind [...]. Ich bin eine Sexualpädagogin [*sex educator*] und stolz darauf.«[64]

In ihrer bahnbrechenden Studie zu Sexarbeiterinnen im Silicon Valley hat Elizabeth Bernstein gezeigt, dass diese Arbeitskräfte viel mehr in den sexuellen Austausch mit ihrer Mittelklasse-Klientel einbringen als bloß ihre Attraktivität und ihre Geschlechtsteile, nämlich auch emotionale Intelligenz, allgemeine menschliche Fähigkeiten und sogar kulturelles Kapital.[65] Durch die Erweiterung und Vermengung der in der Sexarbeit eingesetzten Fähigkeiten wird der kommerzielle sexuelle Austausch stärker an die reguläre Dienstleistungsarbeit angeglichen.

Die Behauptung scheint daher plausibel, dass sich die typischen »Koordinationsweisen«[66] von Sexarbeiterinnen ändern, insofern es ihnen gelingt, *mit ihrer eigenen Sexarbeit sexuelles Kapital zu akkumulieren*, ohne eine extreme gesellschaftliche Abwertung zu erfahren. Die Soziologie hat sich noch kein umfassendes Bild von diesen anpassungs- und widerstandsfähigen Sexarbeiterinnen gemacht. Unüberhörbar ist allerdings der neoliberale Ton, der die wissenschaftliche Diskussion über die Prostitution in jüngster Zeit würzt. Während die klassische

Debatte über »Ausbeutung« versus »Selbsteigentum« unvermindert anhält, tauchen neue Themen auf, die den Umgang mit Identität und Stigmata betreffen. Man könnte dies als eine »neoliberale Einstellung zur Prostitution« verstehen, mit der diese im Hinblick auf ihre Besonderheit diskutiert wird, nämlich darauf, »wie der Verkauf sexueller Gefälligkeiten die Selbstwertschätzung des an einer solchen Tätigkeit beteiligten Humankapitals beeinflusst«.[67] Das betrifft natürlich eindeutig nicht die riesige Mehrheit derjenigen, die Opfer von Menschenhandel sind oder aus sonstigen Gründen keine andere Wahl haben. Auch mögen zwar viele Bereiche der Sexindustrie einer gesellschaftlichen Normalisierung unterliegen (insbesondere der Konsum von Pornografie und der Einsatz von Sexspielzeugen), doch heißt das nicht, dass Sexarbeit zu einer angesehenen Tätigkeit geworden ist. Wenn aber »schlechter« Sex nicht mehr so schlecht ist und wenn bestimmte Arbeiterinnen nicht unbedingt geschädigt oder für ihre Beteiligung am Prostitutionsgewerbe sozial geächtet werden, dann könnte das aus ihrer Sexarbeit herausgezogene Kapital wahrscheinlich in zunehmendem Maße dem mittels regulärer interaktiver Dienstleistungen gewonnenen gleichgestellt werden. Das zeigt sich womöglich im Phänomen der »weichen Prostitution«, bei der junge Frauen und ältere festangestellte Frauen aus der Mittelklasse ihre Sexualität gegen Geschenke oder Geld tauschen.[68]

Faktisch wird sexuelles Kapital durch stimulierte Körper und die sexualisierte Arbeit von Arbeiter:innen in interaktionsbezogenen Dienstleistungstätigkeiten angehäuft.[69] So wurde ein Model aus der Modebranche, das Dana Kaplan für ihre Studie über Schönheit und soziale Klasse in Israel interviewte, an ihre frühen Tage als Bedienung erinnert. Sie räumte sehr offen ein, dass sie diesen Job aufgrund ihrer außerordentlichen Schönheit und der Wirkung ihres Sexappeals auf die Gäste bekommen hatte, die ihr, wie sie sich liebevoll erinnerte, in der Regel großzügige Trinkgelder gaben. Ein anderes bezeichnendes Beispiel ist die »inszenierte Verführung« in Tokioter »Host Clubs«, die weiblichen Gästen vorbehalten sind. Die Ethnografin Akiko Takeyama beschreibt, wie ein männlicher Animateur (*host*) ihr gegenüber eine sexualisierte Arbeit verrichtete, um sie zu einer Stammkundin des Clubs zu machen:

> Während ich über die Absichten des Animateurs nachdachte, registrierte ich, dass mein Knie das von Shin leicht berührte. Ich straffte mich und zog mein Bein weg. Als ich wieder ins Gespräch gezogen wurde, rieb mein Hosenbein erneut gegen Shins. Er rückte etwas näher an mich heran und lehnte sich über mich. »Unterhältst du dich gut?«, murmelte er in mein Ohr. Ich nickte. Sein Flüstern kitzelte mein Ohr, und, etwas vom Alkohol beduselt, wurde ich vom süßen Duft seines Eau de Cologne betört. Seine subtilen Gesten hatten den offenen Raum des Clubs in eine intime Umgebung verwandelt, in der seine Nähe, ob zufällig oder nicht, beabsichtigt wirkte. Shin vermittelte mir in seinem flüchtigen Geflüster gar nichts Bestimmtes. Doch dadurch, dass ich den Inhalt dieses Austauschs für mich behielt, fühlte ich mich langsam zu ihm hingezogen. Diese Gefühle entstanden aufgrund – nicht trotz – der Anwesenheit anderer in dem offenen Raum. Shin schuf eine Fantasie, in der sich mein sinnliches Erleben und meine kognitive Interpretation allumfassend anfühlten.[70]

Ashley Mears' Ethnografie der globalen Elite-Partyzirkel offenbart eine vertrautere Aufteilung einer solchen sexualisierten Arbeit. Mears zeigt, dass ein globales Netzwerk reicher Männer wie Investmentbanker, Immobilienmogule und dergleichen in hohem Maße durch die Anwesenheit von »Girls« auf Jachten in Saint-Tropez, bei Beach-Partys in den Hamptons oder in schicken Bars und Restaurants in New York zusammengehalten wird. In dieser sexuellen Ökonomie bedienen sich reiche Männer der Körper und des Aussehens junger Frauen, um ihre gesellschaftlichen Beziehungen und Geschäftsverbindungen zu pflegen. Wichtig ist, dass es hier eine moralisch-ästhetische Hierarchie zu geben scheint: Je »modelmäßiger« die »Mädchen« sind, umso weniger unmittelbar sexualisiert und »befleckt« sind sie, und umgekehrt. Hochgewachsene, gepflegte, modebewusste »Girls« helfen, das Eis zwischen den Männern zu brechen, indem sie die Umgebung in eine luxuriöse Atmosphäre tauchen. Wie Mears erläutert, »fungierten Mädchen als Dekor im doppelten Sinn des Worts: Sie stellten eine Ausschmückung dar, die die Männer besser aussehen ließ als in Wirklichkeit; zugleich waren sie ein Zeichen der Ehre, ein Statussymbol, das die Aufmerksamkeit anderer Männer anzog.«[71] Doch ist es nicht nur so, dass schöne Mädchen »uns gut aussehen lassen, wie die Einrichtung eines Hauses«, so ein Gast in einem Edelrestaurant zu Mears.[72] Darüber hinaus ist das, was nach hohem Status aussieht, an und für sich lustvoll. In der Gegenwart von Schönheit fühlt man sich einfach wohl. So gesehen werden die Körper und Gesichter von

Frauen in die VIP-Atmosphäre hinein verlängert und erzeugen diese eigentlich erst. Je »unechter« und »billiger« die Mädchen aussehen, desto eher vermitteln sie offensichtlich den Eindruck, bezahlt zu werden. Eine von Mears' Probandinnen beschrieb die Gefahren sexualisierter Arbeit. Ihre Tätigkeit als Cocktail-Kellnerin bestand nicht nur im Servieren der Drinks, sondern auch darin, männliche Gäste an die Tische zu locken. Diese Arbeiterinnen müssen deshalb dauernd mit den Gästen flirten und »ein klitzekleines bisschen was von einer Hure haben, um das hinzukriegen«, wie sie sagte.[73]

Um zusammenzufassen: Wir stellen einen beginnenden Wandel in der Koordinationsweise von sexuellem Kapital als Mehrwert des Körpers fest, vor allem im zunehmenden Verwischen des Unterschieds zwischen Sexarbeit und »legitimen« Tätigkeiten, bei denen der Körper als sexuelle Oberfläche ausgestellt und Präsenz als sexualisierte Präsenz monetarisiert wird. In einigen Bereichen der Sexindustrie – dem wesentlichen Ort der Produktion dieser Form von sexuellem Kapital – wiederum wird die Sexarbeit tendenziell regulären Dienstleistungstätigkeiten angeglichen. Für diese Sexarbeiter:innen stellt sich somit weniger das Problem unmittelbarer Ausbeutung und Entfremdung von der Arbeit. Zwar produzieren sie durch die sexuellen Handlungen, die sie mit ihren Körpern vornehmen, immer noch Geldkapital, doch sind die Arbeiterinnen mit neuen Problemen konfrontiert, etwa der wachsenden Nachfrage nach Gefühlsarbeit, dem Umgang mit Stigmatisierungen und der Bildung einer eigenen Marke (Personal Branding) usw. Von besonderer Bedeutung ist, dass diese neuen Probleme denen nicht unähnlich sind, mit denen sich reguläre interaktive Dienstleistungsarbeiter konfrontiert sehen. Man kann diesen Wandel auch so beschreiben, dass sich nicht nur die Sexarbeit regulären Dienstleistungstätigkeiten angleicht, sondern umgekehrt auch diese regelmäßig sexualisiert werden, etwa im Falle weiblicher Bedienungen.[74]

Verkörpertes sexuelles Kapital: Begehrtheit, Sexyness und praktisches sexuelles Wissen

Bislang drehten sich unsere Beispiele vorwiegend um sexuelles Kapital, das im Zusammenhang mit Sexarbeit oder sexualisierter Arbeit erwirtschaftet und zumeist von Männern angehäuft wird, die als Besitzer menschlicher Arbeitskraft auftreten (obwohl wir auch gesehen haben, dass in einigen Kontexten die Arbeiterinnen in der Lage sind, einen Teil dieses Wertes für sich selbst zu vereinnahmen). Wie wir gesehen haben, wird die zuletzt behandelte Form von Sexualkapital, unsere zweite Kategorie, unter der Voraussetzung koordiniert, dass sexuelle Dienste und sexualisierte Formen von Arbeit im Zuge einer monetären Transaktion getauscht werden. Nunmehr wollen wir eine dritte Kategorie in den Blick nehmen, die eines verkörperten sexuellen Kapitals. Hier wird die sexuelle Begegnung nicht gekauft und verkauft, sondern sie ist Teil einer sexuellen Beziehung (und sei es einer flüchtigen). Das sexuelle Kapital gehört jenen, die begehrenswerter sind als andere, weil mehr Partner:innen oder allgemein begehrtere Partner:innen sich von ihnen angezogen fühlen. Diese Verhältnisse hat Michel Houellebecq in bewundernswerter Klarheit in seinem Roman *Ausweitung der Kampfzone* beschrieben, dessen Botschaft in einer Kritik wie folgt auf den Punkt gebracht wurde: Seine – Houellebecqs – These sei, »dass die Sechziger nicht den Kommunismus, sondern den Kapitalismus in einen sexuellen Markt eingeführt haben, [aus dem] die unattraktive Unterschicht verbannt ist«.[75] Den eigenen, etwas melancholisch gestimmten Worten des französischen Schriftstellers zufolge

> bewegen wir uns in einem zweidimensionalen System: dem der erotischen Attraktivität und dem des Geldes. Alles andere, das Glück und das Unglück der Leute, leitet sich daraus ab. [...] Nebenbei gesagt, gibt es Supermärkte des Sex, die einen nahezu kompletten Pornokatalog anbieten. Das Wesentliche aber fehlt ihnen. Denn das, was beim Sex hauptsächlich gesucht wird, ist nicht der Genuß, sondern die narzißtische Befriedigung, die Huldigung, die der begehrte Partner der eigenen erotischen Geschicklichkeit erweist. Das ist übrigens auch der Grund, weshalb Aids nicht viel verändert hat. Das Kondom verringert den Genuß, aber im Gegensatz zu Lebensmitteln ist nicht der Genuß das gesuchte Ziel: Ziel ist die narzißtische Trunkenheit der Eroberung. Der Porno-Konsument verspürt nicht nur nicht diese Trunkenheit, sondern ein oft geradezu entgegengesetztes Gefühl.[76]

Der Gedanke, dass Sex ein Statuswettbewerb ist, wurde ursprünglich in der Forschung zu Paarbildungs- und Heiratsmärkten entwickelt. Eine vorherrschende Perspektive auf diesem Gebiet stützt sich auf Theorien des sozialen Austauschs und der rationalen Wahl. Aus dieser Perspektive versuchen die Akteur:innen, ihren Nutzen zu maximieren und einen Statuswettbewerb strategisch für sich zu entscheiden, sei es im Fall der Aufwärtsmobilität durch »Nach-oben-Heiraten« (ein etwas anderer Fall als der, den wir im Folgenden behandeln) oder einfach in dem Bemühen, im Rahmen studentischer Dating-Regime begehrtes Objekt für ein Rendezvous zu sein.[77] Wir befassen uns hingegen mit einer neueren Variante dieses utilitaristischen Ansatzes, nämlich der Konzeption der sexuellen Felder.

Die Konzeption sexueller Felder dient dazu, »die soziale Organisation des Begehrens« innerhalb bestimmter sozialer Netzwerke von sexuellen Interaktionen zu untersuchen.[78] Ein sexuelles Feld ist in diesem Zusammenhang eine kleinformatige Ökonomie der sozialen Rangordnung mit ihren eigenen internen Verhaltensregeln, die um die Begehrtheit des Selbst für andere organisiert sind. Sexuelle Felder können Stadträume, Subkulturen, Nachtclubszenen oder universitäre Dating-Regime sein.[79] In diesen Arenen sind manche Menschen erfolgreicher als andere. Sie verfügen über ein größeres sexuelles Kapital. Sexuelle Felder bildeten sich im Hintergrund der allmählichen Autonomisierung der Sexualität gegenüber der Religion heraus. (So hat etwa Tom Inglis am Beispiel Irlands untersucht, wie sich die Sexualität dort sukzessive vom religiösen Feld ablöste.[80]) Welchen Maßstab es auch aufweisen mag, stets wird das sexuelle Feld als eine quasiautonome soziale Sphäre verstanden, in der sexuelles Kapital ungleich unter den Akteur:innen verteilt ist.

James Farrer definiert sexuelles Kapital als »die Ressourcen, Kompetenzen und Begabungen einer Person, die über ihren Status als sexuelle Akteurin in einem Feld entscheiden«.[81] Ein Beispiel dafür, dass die Akteure selbst die Sexualität als ein Feld wahrnehmen, in das zu investieren und das zu kultivieren sich lohnt, ist vielleicht die Entwicklung und weite Verbreitung förmlicher Verführungstechniken, wie sie unter der Bezeichnung Pick-Up Artists (PAU; Aufreiß-Künstler) bekannt geworden ist. 2018/2019 wurde dieses Feld als Branche bereits mit 100 Millionen US-Dollar bewertet.[82] 2005 veröffentlichte Neil Strauss sein Buch *Die perfekte Masche*, das Techniken zur Verführung von Frauen verriet und mit weltweit über 2,5 Millionen verkauften Exemplaren als Katalysator der PAU-Welle gilt.[83] Trends wie diese zeigen deutlich, dass sich die Akteure um sexuelles Kapital bemühen.

Wenn sexuelles Kapital eine Ressource ist, die mit darüber entscheidet, wer in einem bestimmten Feld erfolgreich ist, dann ist die Person am »reichsten«, die das meiste Sexualkapital auf sich vereint, je nachdem, wie attraktiv sie ist und wie viele Sexualpartner sie sexuell verführen kann. Dieser Theorie zufolge erhöht schon die persönliche Begehrtheit den eigenen Rang und damit die Chancen auf weitere soziosexuelle Erfolge in den eigenen Kreisen – immer im Verhältnis zur Begehrtheit und dem Erfolg anderer Akteure.[84] Im Rahmen dieses Statuswettbewerbs werden die Akteurinnen als aktiv Handelnde wahrgenommen, die versuchen, ihr sexuelles Kapital zu maximieren, indem sie sich um eine »ideale Figur [bemühen], die richtigen Klamotten und Accessoires tragen und die richtige Körperhaltung, Körpersprache, Umgangssprache und Ausdrucksweise annehmen. Wer hat, dem wird gegeben: Je mehr Aufmerksamkeit jemand in einem sexuellen Feld bekommt, desto eher werden andere ihn oder sie als attraktiv wahrnehmen.«[85]

Tatsächlich stellen die meisten Studien dieser Art die verkörperten Standards von Sexyness im jeweiligen sexuellen Feld in den Vordergrund. In ihrer Untersuchung der Affärenkultur an amerikanischen Colleges zeigt Lisa Wade jedoch, dass sexuelles Kapital, die Fähigkeit, Sexualpartner in dieser Szene anzulocken, vornehmlich mit der richtigen *affektiven Einstellung* der Beteiligten zusammenhing. Auf der Grundlage der persönlichen Schilderungen Studierender weist Wade nach, dass die eigentliche Währung in solchen sexuellen Interaktionen in emotionaler Distanziertheit und Unverbindlichkeit besteht. Trotz der erheblichen emotionalen Langzeitschäden solcher Gelegenheitssex-Arrangements mussten die Beteiligten ihre Unverbindlichkeit und Sorglosigkeit zur Schau stellen: »Zwanglos zu sein, war nicht nur geboten, sondern sexuell aufgeladen. Je unnahbarer die Studierenden waren, desto größer der erotische Status, den sie beanspruchen konnten. Und die Alternative dazu war nicht nur mitleiderregend, sondern unsexy.«[86]

Der Ansatz der sexuellen Felder weist beträchtliche Stärken auf. Eine davon ist die Betonung des sozialen Austauschs von Ressourcen und Fähigkeiten zwischen den Beteiligten, die ihnen zu unterschiedlichem sexuellem Erfolg in einem Feld verhelfen. Das ist zweifellos ein lohnenswerter Versuch, die Sozialität von Sex ernst zu nehmen. Wir können auf diese Weise anerkennen, dass sexuelle Beliebtheit auf der einen Seite den sozialen Vorteil hat, noch größere Erfolge zu versprechen. Auf der anderen Seite sehen wir, dass die Voraussetzungen von Begehrtheit und Beliebtheit, ob sie sich auf attraktive Körper, sexuelle Erfahrung oder geeignete affektive Einstellungen beziehen, nicht universell sind. Diese Voraussetzungen können vielmehr in hohem Maße auf Vermutungen beruhen. Eine weitere Stärke dieses Ansatzes ist die damit verwandte These, dass sexuelles Kapital vom Individuum selbst als persönliche, verkörperte Eigenschaft angehäuft wird. Die Konzeption sexueller Felder ergänzt damit die meisten sozialen Analysen von Sex und Sexualität, die sich in der Regel um makrostrukturelle Erklärungen bemühen, um eine wichtige interindividuelle und interaktionale Schicht. Dieser Versuch, die Ausgestaltung des kollektiven Sexuallebens auf den alltäglichen, banalen und lokalen Ebenen zu erklären, ist empfehlenswert. Indem er Sex als eine persönliche soziale Ressource innerhalb eines lokalen Bewertungssystems betrachtet, erweitert der Ansatz der sexuellen Felder zweifellos unser Verständnis der Art und Weise, wie alltägliche Erfahrungen sexueller Begehrtheit sozialen Wert zuweisen und verteilen. Doch obwohl sich diese Herangehensweise an der Soziologie Bourdieus orientiert, fehlt es ihr an einer ausgearbeiteten und umfassenderen Konzeption von Macht – davon, wie andere soziale Kräfte außerhalb des untersuchten sexuellen Felds Hierarchien sexueller Begehrtheit beeinflussen können.[87] Die Akteurinnen in einem Feld sind vielmehr zu rational und zu nutzenorientiert konzipiert.

Verkörpertes sexuelles Kapital ist auf entscheidende Weise geschlechtlich, ethnisch und klassenmäßig kodiert. Die Dimension der Klasse spielt dabei eine besonders große Rolle bei der gegenwärtigen Vorherrschaft der Selfie-Kultur im Leben junger und nicht mehr ganz so junger Erwachsener. Das gilt genauso für die öffentlichen und akademischen Debatten über die sozialen Medienpraktiken junger Frauen als eine Form von Selbstverdinglichung. Die Diskussionen und Befürchtungen rund um »sexy Selfies« sind deshalb ein fruchtbarer Boden, um zu zeigen, was sexuelles Kapital ist und wie es in der Kulturindustrie Form annimmt. Wenn ein gesamtgesellschaftlicher Prozess der kulturellen Sexualisierung im Gange ist und wenn Menschen aus allen Lebensbereichen sexualisierte Bilder sowohl konsumieren als auch produzieren, dann stellt sich die Frage, wer als sexy gilt. Auch das ist eine wichtige Frage, wenn wir davon ausgehen, dass verkörpertes sexuelles Kapital von sozialen Kräften ebenso geprägt wird, wie es diese selbst prägt.

Im Rahmen eines Projekts zur visuellen Produktion von Sexyness in Kulturprodukten wurden sexy Selfies nach dem Vorbild der Instagram-Celebrity-Ästhetik mit Fotografien verglichen, die die Forscherin, ihrerseits eine professionelle Fotografin, selbst gemacht hatte. Im Interview gefragt, was Sex für sie bedeute, sprach eine Projektteilnehmerin von »Begehrtheit und [davon,] ›verführerisch, ohne billig zu sein‹.«[88] Hier wird deutlich, dass die Beurteilung von Sexyness mit einer Klassenbewertung verbunden ist. An einer späteren Stelle in ihrem Aufsatz denkt die Wissenschaftlerin/Fotografin Emma Phillips darüber nach, wie sie vergleichbare Mittelklasse-Valeurs in die professionellen Bilder kodierte, die sie von dieser und anderen Teilnehmerinnen aufnahm:

Mir ist bewusst, dass ich zumindest einige Signifikanten, die auf diesem ästhetischen Feld ansprechend sind, in die fotografischen Kollaborationen kodiere – als eine Verlängerung meines Geschmacks und meiner eigenen kulturellen Währung. Ich tue dies mit einer Beleuchtung, die eine düstere Stimmung verbreitet; mit der Verwendung von Linsen, die den Eindruck der Distanz oder einer ungewöhnlichen Nähe zu Simone erzeugen; mit einer Maske vor Simones Gesicht oder einem provokant getragenen Trenchcoat; einer stimmungsvollen Stadtlandschaft; gezielter Bewegungsunschärfe; einer angedeuteten Geschichte und dem großzügigen Einsatz von Spiegeln [...]. Die [Fotos] sind mit bewusstem Blick für einen zeitgemäßen, professionellen Porträtstil in einem Helldunkel gehalten, das eine gewisse Heimlichkeit suggeriert und eine emotionale Reaktion auslöst. [...] Ich lade zu einem tiefen Blick ein. Ich möchte, dass sich die Betrachterin fragt, was sich auf einem Bild abspielt, und von der düsteren Atmosphäre verführt wird. [...] Ich habe mein Zielpublikum im Kopf und weiß, wie ich es erreiche. Ich ziele auf den »bürgerlichen Blick«, wie Beverley Skeggs ihn nennt, wenngleich mir das erst bewusst wird, als ich später darüber nachdenke. [...] Ich muss überlegen, ob mein eigener Satz ästhetischer Kodes dazu beiträgt, eine Klassengrenze zu ziehen, die mein dominantes kulturelles Kapital sowohl bestätigt als auch steigert, die vulgäre (ich gebrauche den Ausdruck hier wertneutral) Zurschaustellung von Sexualität durch Frauen hingegen ausgrenzt. [...] Gewiss verteidige ich so meinen Platz im sozialen Feld und verstärke Klassenunterschiede.[89]

Wie bei den meisten bürgerlichen Geschmacksurteilen waren sich die Teilnehmerinnen darüber hinaus der »Stimmigkeit« und Macht solcher Bilder, die ästhetischen Maßstäbe von Sexyness zu prägen, bewusst. Frauen, aber auch Männer müssen auf eine bestimmte Weise aussehen und sich sogar fühlen (»verführerisch, aber nicht billig«, »wild«), wenn sie von anderen als sexy beurteilt werden und über sexuelles Kapital verfügen wollen.

Verkörpertes sexuelles Kapital lässt sich durch den Konsum verschiedener Waren und Dienstleistungen für einen sexuellen Lebensstil erhöhen.[90] Manche dieser Waren helfen den Konsument:innen, ihre Körper zu formen, um sexyer auszusehen. Andere Artikel zur Förderung eines sexuellen Lebensstils stärken das gesellschaftliche Ideal, wonach Personen insofern wertvoll sind, als sie sexuell kompetent sind und die notwendigen »Fähigkeiten entwickelt haben, um eine geübte Sexualpartnerin zu sein«.[91] Sicherlich kann sexuelle Kompetenz nur in der Privatsphäre von Intimbeziehungen über die verkörperten Sexualakte der Beteiligten ausgelebt werden. Sie ist ein persönliches Vermögen, das als rein erlebnishaftes semiotisch unsichtbar bleibt und an den Körpern der meisten sexuellen Subjekte (deren Sexualakte privat sind) nicht abzulesen ist. Nichtsdestotrotz ist in der Populärkultur eine ganze Industrie für sexuelle Selbsthilfeprodukte entstanden, um die Anforderungen eines »zwanghaften sexuellen Funktionierens« zu erfüllen und uns beizubringen, wie man ein gutes Sexualleben führt.[92]

In einer Welt, in der es geboten ist, sexuell erfüllt zu sein – wenngleich diese Verpflichtung eher für langfristige Beziehungen gilt, wie der Berg an Literatur zu Gelegenheitssex offenbart[93] –, wird es auch für Frauen zu einer wertvollen Ressource, »gut im Bett« zu sein.[94] Die »Verschulung der Sexualität« lässt sich zwar auf die erste Hälfte des 20. Jahrhunderts datieren, wurde aber zunächst durch medizinisches und psychologisches Expertenwissen vermittelt und behandelte die Sexualität der Frau als »nicht nur passiv und latent, sondern integral mit ihren mütterlichen und fürsorglichen Instinkten verbunden«.[95] In den späten 1960er Jahren ging diese pädagogische Rolle jedoch auf die Populärkultur und weniger professionelle Expert:innen über.[96] Im Fahrwasser einer zunehmenden Feier der weiblichen Sexualität[97] sahen sich Männer – und immer öfter auch Frauen– ermutigt, *ihre* Lust selbst in die Hand zu nehmen und mit verschiedenen Konsumgütern an ihr zu arbeiten.[98]

Wir werden im nächsten Abschnitt, in dem wir unsere vierte und letzte Kategorie sexuellen Kapitals erörtern, auf diese Art persönlicher, erfahrungsorientierter sexueller Arbeit zurückkommen. Im Moment genügt die These, dass sexuelle Fähigkeiten konsumierbare Waren sind, deren Konsum sehr stark von Klassenhintergrund und kulturellem Geschmack abhängt. In ihrer ethnografischen Arbeit über BDSM-Gruppen in San Francisco zeigt Margot Weiss, dass sich BDSM im Zuge seiner zunehmenden Institutionalisierung als massentaugliche professionelle Aktivität regelrecht als Mittelklassenhobby beschreiben lässt: »SMler arbeiten auf selbstbewusste Weise an ihrem Sadomasochismus und berufen sich dabei auf amerikanische Diskurse der Selbstverbesserung und -bildung, die sich mit Foucaults Praktiken des Selbst decken.«[99] Weiss gibt einen Überblick über die große Bandbreite an BDSM-Schulungen, Diskussionsgruppen und Mitgliederclubs, die die Szene institutionalisieren und ihre alte Assoziation mit Perversität und Abartigkeit konterkarieren. Wie der Erwerb spezifischer sexueller Fertigkeiten das feldspezifische sexuelle Kapital praktizierender SMler erhöht, so beruht der sexuelle BDSM-Lebensstil mithin auf ihrem vorhandenen kulturellen Kapital.

Wie wir oben gesagt haben, erzeugt Sex Kapital entweder *direkt*, durch Sexarbeit, oder *indirekt*, durch die Regulierung der Sexualität im Bereich der Reproduktion zum Zwecke der kollektiven Hervorbringung fügsamer Lohnarbeiter:innen, die willens und fähig sind, ihre Arbeitskraft zu kommodifizieren. Dieselbe Logik gilt für den Moment des Konsums. Heutzutage kaufen Konsumenten ein ganzes Spektrum an sexuellen Waren und Dienstleistungen. Sex aber wird nicht nur über Waren konsumiert, die unmittelbar in sexuellen Beziehungen zum Einsatz kommen. Nach Meinung mancher Kritikerinnen speist die Konsumkultur in der New Economy insgesamt eine erotisch massiv aufgeladene Fantasiearbeit, die das kollektive Unbewusste strukturiert und den Kapitalismus reproduziert.[100] Paul Preciado hat in diesem Zusammenhang von Knotenpunkten »hochkonzentrierten Sex-Kapitals« gesprochen.[101] Preciado macht ein postindustrielles »pharmapornographisches Regime« aus, das unsere sexuelle Subjektivität bestimmt und uns im Sinne pharmazeutischer und pornografischer Unternehmensinteressen steuert. Ein gutes Beispiel dafür, das von mehreren Forscherinnen untersucht wurde, ist der Zusammenhang zwischen der Veröffentlichung der Zeitschrift *Playboy* und anderer stark sexualisierter Medienprodukte und dem Aufschwung des Konsumkapitalismus in der Nachkriegszeit.[102] Mit anderen Worten: Nicht nur Sexarbeiter:innen, sondern auch Sexkonsument:innen wirken an der Schöpfung von Großkapital mit. Ein einziges, aber bezeichnendes Beispiel möge hierfür genügen: 2019 wurde der globale Sexspielzeug-Markt auf 26,6 Milliarden US-Dollar geschätzt, eine Zahl, die in den kommenden Jahren noch steigen soll.[103]

Neoliberales sexuelles Kapital, Selbstwertschätzung und Arbeitsmarktfähigkeit

Bislang haben wir gesehen, dass Sex Kapital ist, wenn er die Heiratsfähigkeit gewährleistet oder wenn er sich als *Mehrwert* aus der sexuellen Arbeit von Sexarbeiter:innen (beziehungsweise der sexualisierten Arbeit anderer Beschäftigter im Dienstleistungssektor) herausziehen lässt. Wir haben ebenfalls festgestellt, dass Sexarbeit in manchen Kontexten gewisse Ähnlichkeiten mit Dienstleistungen und kreativen Tätigkeiten aufweist. Wie reguläre Dienstleistungstätigkeiten verlangt auch die Sexarbeit in diesen Zusammenhängen emotionalen Einsatz und die Fähigkeit zur Markenbildung in eigener Sache. Schließlich haben wir festgehalten, dass *verkörpertes sexuelles Kapital* – Sex, Sexyness und Begehrtheit – vor allem im Bereich des Konsums erzeugt wird. Obwohl interaktional, ist diese Form von sexuellem Kapital nicht fortpflanzungsorientiert (es geht also nicht darum, »fleischliche Begierden« zu nutzen, um für die Fügsamkeit von Arbeitnehmern oder die Zeugung künftiger Arbeitnehmer zu sorgen). Auch lässt sie sich nicht auf eine bloße Ware reduzieren wie im Falle eines sexuellen Produkts oder Services.[104] Sexyness und sexuelle Erfahrung sind vielmehr Ausfluss sexueller Vorlieben, die von Gleichgesinnten geteilt werden. Diese Form von Sexualkapital beruht auf kollektiven klassenspezifischen Bewertungskriterien und ähnelt darin stark dem kulturellen Kapital. Sie spiegelt die zunehmende Sexualisierung der Kultur wider, die Tatsache, dass Sex zu einem bedeutenden Bestandteil der normalen Kulturproduktion geworden ist.

Wir gehen nun einen Schritt weiter und behaupten, dass sexuelles Kapital Teil einer genuin neoliberalen »Palette von Desideraten wie Autonomie, Wertschätzung und Fähigkeit zum Selbstausdruck« geworden ist.[105] Diese Desiderate stehen in direktem Zusammenhang mit der Arbeitsmarktfähigkeit. Bei der Arbeitsmarkt- oder Vermittlungsfähigkeit handelt es sich um ein Bündel persönlicher Leistungen, Fertigkeiten und Eigenschaften, die Arbeitgeberinnen in einem hart umkämpften

Arbeitsmarkt interessieren können. Arbeitssoziologen haben festgestellt, dass in der New Economy Privatsphäre und Öffentlichkeit endemisch verschwimmen. Dies bedeutet auch, dass die Arbeitnehmerinnen als Ein-Personen-Marken auftreten müssen. Sie verkaufen also nicht mehr nur ihre Arbeitskraft, sondern ihr ganzes existenzielles Sein. Wenn Lena Dunham mit ihrem eigenen tätowierten, nackten Körper ihr Alter Ego Hanna spielt und damit die Grenze zwischen Autobiographie und Kunst verwischt, um die weltweit erfolgreiche Fernsehserie *Girls* zu kreieren, dann nutzt sie faktisch ihr sexuelles Selbst zur Erzeugung eines Kulturprodukts, das auf den – gleichermaßen sexuellen wie professionellen – Habitus der kreativen Klasse zugeschnitten ist.[106] Es dürfte allgemein praktisch zu einer Notwendigkeit geworden sein, eine eigene individuelle Marke zu entwickeln, um beständig in die eigene Vermittlungsfähigkeit zu investieren und diese zu pflegen.[107] Die Beschäftigten versuchen, sich im Arbeitsverhältnis gegenüber den Arbeitgebern in eine bessere Position zu bringen, indem sie sich nicht nur das richtige Aussehen, sondern auch die richtige Einstellung zulegen.[108] Unserer Annahme nach ist ein »voll beschäftigungsfähiges Individuum«, das dazu gerüstet ist, sich auf eine unvorhersehbare Zukunft einzustellen, sexuell zugleich voll entfaltet.

Wir haben bereits gesehen, dass Sexyness und gutes Aussehen nicht nur Frauen von Vorteil sein können, die sich professionell für die Schönheits-, Sex-, Glamour- und Modebranchen zur Schau stellen.[109] Beides ist zunehmend auch auf dem regulären Arbeitsmarkt von Bedeutung.[110] Wie aber können sexuelle Erfahrungen über die Monetarisierung von Sexyness am Arbeitsplatz hinaus beschäftigungsförderlich sein? Die Behauptung, dass man die Erlebnisqualität von Sex für den eigenen Arbeitsplatz nutzen kann, scheint zunächst absurd. Schließlich ist Sex immer noch etwas sehr Privates. Auch herrscht allgemein die Erwartung, dass wir uns bei der Arbeit stets professionell verhalten und uns keinerlei Schlüpfrigkeiten oder Belästigungen zuschulden kommen lassen. Worin besteht also die Verbindung zwischen der Privatsphäre der sexuellen Erfahrung und der öffentlichen Sphäre des Berufs? Wir möchten hier lediglich vier mögliche Ansätze vorschlagen, wie dieser Zusammenhang zu verstehen sein könnte, die alle empirisch untersucht werden müssten.

Eine erste und einfache Verbindung könnte darin liegen, dass Sex die Selbstachtung und damit das Selbstvertrauen steigert, womit die Ausstrahlung von Kompetenz verbunden ist. Wie Dana Kaplan festgestellt hat, ermöglichen sexuelle Erfahrung und ein weniger konventioneller sexueller Lebensstil manchen Individuen, sich selbstsicherer zu fühlen und dieses Gefühl für eine spätere Verwendung anzusparen.[111] Ein zweiter Konnex könnte darin bestehen, dass Sexualität eine Form von Beherrschung ausdrückt, insbesondere im Zusammenhang mit One-Night-Stands, wie Illouz in *Warum Liebe endet* ausgeführt hat. Drittens könnte Sex eine Möglichkeit darstellen, soziale Kompetenz an den Tag zu legen, eine vielgefragte Fähigkeit in der Dienstleistungsökonomie. Da sexuelle Begegnungen eine gewisse Sozialkompetenz und auch Verführungskraft voraussetzen, lassen sich diese Fertigkeiten womöglich leicht in die Arbeitssphäre übertragen. Viertens schließlich führt guter Sex zu größerer Arbeitszufriedenheit. Eine Gruppe von Forschern, die die Auswirkung (ehelichen) Geschlechtsverkehrs auf die berufliche Zufriedenheit untersucht hat, ist zu dem Befund gelangt, dass »Angestellte, nachdem sie am Vorabend Sex hatten, am folgenden Tag eine fünfprozentige Verbesserung ihrer Stimmung am Arbeitsplatz verspüren«.[112] Die Autoren führen weiter aus, dass

> Erwerbstätige, die eine Beförderung in ihrer Organisation anstreben oder für ihr Einkommen auf ihren eigenen Einsatz angewiesen sind (*wie Selbständige oder Vertragsarbeiterinnen*), sich besonders um ihr Sexleben kümmern sollten. Ehelicher Geschlechtsverkehr scheint am folgenden Tag stimmungsabhängige positive Ergebnisse zu erbringen.[113]

Wenn Sex am Folgetag zu positiven Emotionen führen kann, dürfen wir unterstellen, dass sich das im weitesten Sinne auch positiv aufs Einkommen auswirkt. Dann liegt die Annahme nahe, dass sexuelle Erlebnisse die Arbeitsmarktfähigkeit um eine zusätzliche Dimension bereichern.

Mit der These, dass Sex zur Arbeitsmarktfähigkeit beitragen kann, kommen wir auf eine Unterscheidung zurück, die wir oben eingeführt (aber dann im Zuge unserer Erörterung der verschiedenen Formen von sexuellem Kapital etwas verwischt) haben: die zwischen *Sexyness* und *subjektiven sexuellen Erfahrungen*. Wie wir bei der Diskussion der dritten Kategorie gesehen haben, ist Sexyness als sexuelles Kapital die sexuelle Macht, die manche Menschen in einer bestimmten Situation haben können. Das Problem mit dieser Art von sexuellem Kapital ist, dass es mit der Zeit schwindet, vor allem bei Frauen, deren ökonomischer und sexueller Wert überwiegend von Männern für Männer konstruiert wird.[114] Zudem drohen nach wie vor schwere gesellschaftliche und berufliche Sanktionen, wenn Sexyness offen kommodifiziert wird, auch wenn dies freiwillig geschieht.[115] Sexuelle *Erfahrungen* hingegen sind im Wesentlichen ein inneres Geschehen, sie sind langlebig und nicht genderspezifisch. Zwar werden sie für gewöhnlich durch die Begegnung mit anderen Personen ausgelöst, doch sind die Folgen dieser Erfahrungen und Begegnungen auf unsere sexuelle Subjektivität beschränkt und können uns lange im Gedächtnis bleiben. Nun ist die Unterscheidung zwischen objektiven Realitäten und subjektiven Erfahrungen zweifellos eine rein analytische. Trotzdem behaupten wir, dass »sexy« und »erfahrungsbezogen« zwei unterschiedliche Dimensionen sexuellen Kapitals sind. Mit dieser Unterscheidung wollen wir nahelegen, dass im neoliberalen Kapitalismus nicht nur Attraktivität, sondern auch persönliche sexuelle Erfahrungen die eigene Vermittlungsfähigkeit auf dem Arbeitsmarkt vergrößern können.

Wir möchten die These aufstellen, dass man in der Spätmoderne nicht nur bei Sexarbeit und sexualisierter Arbeit und nicht nur als Lebensstil-Konsumentscheidung (unsere Kategorien 2 und 3) aus Sex Kapital schlagen kann. Wir verstehen neoliberales sexuelles Kapital als die Summe individuell akkumulierter sexbezogener affektiver Zustände, die Gefühle des Selbstwerts und der Selbstbestimmung hervorrufen, insbesondere solche, die mit Risikobereitschaft, Einzigartigkeit, Selbstverwirklichung, Kreativität und Ehrgeiz zusammenhängen.[116] Dieses Bündel sexbezogener Affekte gleicht dem, was Pierre Dardot und Christian Laval als »neoliberalen ›Leistung/Lustgewinn‹-Apparat« bezeichnen, der die neoliberalen Subjekte dazu zwingt, ständig Spaß zu haben, zu experimentieren und kreativ zu sein.[117]

Im sexuellen Bereich ist der neoliberale »Leistung/Lustgewinn«-Apparat überwiegend als geschlechtsspezifisches Thema behandelt und der sexuellen Handlungsmacht von Frauen zugerechnet worden.[118] Die Figur der sexuell aktiven, ermächtigten (jungen) »Alpha-Frau« beschäftigt zweifellos die öffentliche Fantasie. Dieser öffentliche Diskurs assoziiert sexuelle Handlungsfähigkeit direkt mit beruflichem Erfolg. Betrachten wir zum Beispiel diese Werbung für Bumble, eine Dating-App, die (heterosexuelle) Frauen dazu ermutigt, »den ersten Schritt zu machen«:

Wenn man eine beliebige Frau auf der Straße fragt, wird sie sich sicher an den ersten Schritt erinnern, den sie je gemacht hat. Nein, nicht an ihre buchstäblichen ersten Babyschritte! Ich meine jenen lähmenden Moment in der vierten Klasse, als Sie zum ersten Mal vor Ihren Klassenkamerad:innen standen, um etwas vorzutragen. Anfangs waren Sie so gestresst, dass Sie dachten, Ihnen platzt gleich der Schädel. Sie haben es trotzdem geschafft, und ein Erfolg war es auch. Oder vielleicht im Büro, wo alle anderen immer Präsentationen halten müssen und Sie das unbedingt auch wollen, sich aber einreden, dafür nicht geschaffen zu sein. Trotzdem sprechen Sie Ihren Chef an, und er ist einverstanden, dann machen Sie es und überraschen sich selbst! Es ist genau wie dieser Moment bei einem Date, wenn Sie ihn unbedingt beeindrucken wollen, aber darauf warten, dass er Sie zuerst küsst. Solange er Sie nicht küsst, haben Sie nicht das Gefühl, dass Sie erfolgreich waren. Aber es gibt dieses eine Mal, wo Sie einfach den ersten Schritt machen und ihn küssen. Sie sagen sich, zum Teufel, genau das will ich jetzt! Das Leben besteht aus solchen kleinen ersten Schritten. Aus diesem Grund haben wir Bumble ins Leben gerufen. Ein soziales Netzwerk, in dem Frauen sich ermächtigt fühlen, um erste Schritte in der Liebe, der Arbeit und im Leben zu machen. Also laden Sie Bumble herunter und machen Sie Ihren ersten Schritt. Bumble, das ist Ihr erster Schritt.[119]

Zwar führt die Abfolge in dieser Eigenwerbung vom beruflichen zum sexuellen Erfolg – nicht umgekehrt, wie wir behaupten. Beide persönlichen Errungenschaften werden jedoch im Hinblick auf Risikobereitschaft und soziale Beweglichkeit beurteilt. Sex kann auf diese Weise das Selbstvertrauen stärken, doch hat das so gut wie nichts mit dem Aussehen der Frau zu tun. Wichtiger ist, was sie sich zutraut. Der berufliche und der sexuelle Bereich gehen hier fast nahtlos ineinander über und sind nicht voneinander zu trennen. In diesem Sinn gilt Sex Bumble zufolge als Spielwiese, auf der man sich in jenen begehrten neoliberalen Wunschzielen »Autonomie, Wertschätzung und Fähigkeit zum Selbstausdruck«[120] üben kann. Die Bumble-Werbung ist ein Kind ihrer Zeit. Sie spiegelt so manchen lustvollen feministischen Aufruf zur Zurückeroberung von Sexyness und zur Entwicklung ermächtigter sexueller Subjektivitäten wider.

Für diese Denkweise ist »Sexyness eine Seinsweise, ein Prozess, kein Besitz«.[121]

Paradoxerweise passt diese feministische Umlenkung des Attributs »sexy« in den Bereich, den wir als sexuelle Erfahrung bezeichnen, genau zu unserem Verständnis des neoliberalen sexuellen Kapitals. Paradox ist dies, weil eine solche existenzielle Form des »Sexyseins« gerade in dem Moment ökonomisch nützlich wird, in dem kritische Feministinnen versuchen, das aufs Aussehen bezogene Paradigma der »Sexyness« zu überwinden.

Ungeachtet der sexuellen Ermächtigung à la Bumble behaupten wir, dass die Fähigkeit, sexuell autonom, kreativ und expressiv zu sein und zudem Kapital daraus zu schlagen, nichts Genderspezifisches ist. Klassenzugehörigkeit und Klassenverhältnisse dürften für diese Form von sexuellem Kapital de facto viel bedeutsamer sein als das soziale Geschlecht. Dementsprechend ist auch die affektive Auswirkung sexueller Erlebnisse und Interaktionen auf die künftige oder gegenwärtige Beschäftigung bereits klassenspezifisch. Studien zeigen immer wieder, dass sexuelle Aktivitäten nach Klassen getrennt sind.[122] Genau das meinen wir mit der Behauptung, dass *sexuelles Kapital* eine Art *verkörpertes* kulturelles Kapital ist (unsere Kategorie 3). Doch jetzt möchten wir eine radikalere These aufstellen: Nur *manche* Subjekte können einen ökonomischen Nutzen aus ihren sexuellen Fähigkeiten und Erfahrungen ziehen.

Die meisten körperlich leistungsfähigen Menschen stehen nicht vor echten Hürden, wenn sie sich sexuellen Aktivitäten hingeben. In Wirklichkeit jedoch können nicht alle sexuellen Subjekte ihre Erfahrungen in unternehmerische Gesinnungen und beschäftigungsrelevante Fertigkeiten umwandeln. Dieser Weg ist überwiegend Menschen mit einem Mittelklasse-Habitus vorbehalten. Beverly Skeggs definiert den Habitus der Mittelklasse als das Vermögen, zur Schau zu stellen, dass man »eine gute, interessante, abenteuerlustige, risikofreudige Person ist. Die Entscheidung für Gefahr, Abenteuer und Risiko kann für die Mittelklasse den persönlichen Tauschwert steigern und den Aufstieg beschleunigen.«[123] Auffällig hieran ist die Bedeutung persönlicher Einzigartigkeit für den Tauschwert auf dem Arbeitsmarkt.[124]

Bisher haben wir nahegelegt, dass der Habitus der Mittelklasse auf Einzigartigkeit und Risikobereitschaft aufbaut. Auch haben wir behauptet, dass sexuelles Kapital die Arbeitsmarktfähigkeit verbessern kann. Worin genau aber liegt die Verbindung zwischen dem Habitus der Mittelklasse und sexuellem Kapital als Beschäftigungsfähigkeit? Klassenverhältnisse werden durch alltägliche Interaktionen reproduziert – vor allem bei der Arbeit. Die Autorität und die sozialen Privilegien der Mittelklasse wurden traditionell im beruflichen Umfeld begründet und reproduziert.[125] Es stellt sich jedoch die Frage, worin heute die Autorität der Mittelklasse besteht, wenn immer weniger ihrer Vertreter:innen stabile Karrierewege durchlaufen und Arbeitsplatzsicherheit genießen. Anders gesagt: Wenn die Beschäftigungslage so prekär ist, bleibt den Subjekten aus der Mittelklasse fast nichts anderes übrig als ihre eigenen angeborenen affektiven – und in unserem Zusammenhang sexuell erweckten – Fähigkeiten, um ihre angekratzte Autorität wiederherzustellen.

Zwar existiert eine umfangreiche Literatur zum neoliberalen Subjekt als prekärer Selbstunternehmerin, die sich permanent um ihre Arbeitsmarktfähigkeit bemühen muss, doch gibt es leider so gut wie keine empirischen Untersuchungen, die tatsächlich Sexualität und berufliches Unternehmertum in der von uns vorgeschlagenen Richtung in Beziehung setzen. Man hat in der Tat argumentiert, dass die Arbeit im zeitgenössischen Kapitalismus als eine Form der persönlichen Freiheit und Unveräußerlichkeit erotisiert worden ist. »Leidenschaftliche« Arten von Arbeit finden sich sogar in der Sexarbeit, wie wir gesehen haben. Einzigartigkeit ist mittlerweile ein Produktionsmodus, so wie Identität ein Produktionsmittel geworden ist.[126] Sex und Sexualität werden nicht mehr ausschließlich als der verborgene Kern des wahren Selbst empfunden, sie sind inzwischen auch objektiviert worden: als Lifestyle-Produkte, als optimierbare Fähigkeiten und Techniken, als persönliche Kommunikationsweisen, als Wege zum Wohlbefinden und als Beweis von Kreativität, Erfahrung und performativer Einzigartigkeit. Zu einem ähnlichen Schluss kommt Gary Dowsett:

> Mit der Schaffung eines Markts für Körper-beim-Sex [*bodies-in-sex*] […], mit der Produktion von Ich-Identitäten durch Technikkonsum, mit dem Praktizieren von Online-Sex, sei es allein oder mit anderen, mit der Vermarktung eines öffentlichen sexuellen Selbst veranschaulicht die zunehmende Kommodifizierung von Körpern und Sex über jede simple Vorstellung von Gütern und

> Dienstleistungen hinaus, dass Braverman recht hatte mit seiner Rede von der kapitalistischen Kommodifizierung und ihrem unerbittlichen Bemühen, sich immer weitere Teile des Lebens einzuverleiben. Was er zu seiner Zeit allerdings nicht sehen konnte, wenn er auf »Kultur, Freizeit und Familienleben« verwies, war die anhaltende Kommodifizierung von Sex, sexuellen Akten und Erfahrungen und sexuell aktiven Körpern, waren die wachsenden Märkte für sexuelle Identitäten und die zunehmende Prägung sogar der eigenen sexuellen Subjektivität durch die Logik der Marktbeziehungen. Auch vermochte sich Braverman keine produktive Seite dieses Prozesses vorzustellen – eine, die für Lust, Abenteuer, Geselligkeit, Innovation, sozialen Wandel, Kommunikation und Vernetzung sorgt. [...] Interessant an diesen Schauplätzen ist die Wandelbarkeit des Selbst: Alte Gewissheiten weichen kreativen und explorativen Einstellungen und erschüttern damit die Sexual- und Geschlechterordnung – heute hetero, morgen bi; heute Sadist, morgen Sissy. Dadurch, dass wir wählen, was wir sexuell sind, tun und wollen, verwandeln wir uns in ein neues Produkt, das für den Erwerb vermarktet und zur Verfügung gestellt wird, und zum Ausgleich erweitern sich unsere Lüste. Kommodifizierung ist der Preis unserer Wollust, und die Sexualität dehnt sich aus wie das Weltall – unsere ureigene Urknalltheorie des Begehrens.[127]

In diesem längeren Zitat behauptet Dowsett, die Vorstellung, ihr Sexualleben stelle das innere, kohärente und feste einzigartige Selbst einer Person dar, habe (wenn auch nicht ganz) einem performativeren Verständnis von Sex und Sexualität als einer sozial konstruierten, jedoch fließenden Menge von Identifikationen Platz gemacht. Zwar sind wir völlig einverstanden mit Dowsetts Einschätzung einer so umfassenden Kommodifizierung des sexuellen Bereichs, wonach selbst persönliche sexuelle Lüste, Identifikationen und Erfahrungen an der Vermarktung des Selbst als frei, offen und ermächtigt teilhaben. Es gibt jedoch einen großen Unterschied zwischen unserem und seinem Ansatz. Dowsett erklärt nicht, was er meint, wenn er sagt, wir »verwandeln [...] uns in ein neues Produkt, das für den Erwerb vermarktet und zur Verfügung gestellt wird, und zum Ausgleich erweitern sich unsere Lüste«. Darin bleibt seine Wahrnehmung ganz auf das Paradigma des sexuellen Felds beschränkt, in dem als »Ausgleich« zusätzliche sexuelle Begegnungen und sozialer Erfolg innerhalb dieses Felds gelten. Während die meisten Sexualforscher dazu neigen, das emanzipatorische oder grenzüberschreitende Potenzial radikaler, tendenziell verflüssigter und weniger strikt binärer sexueller Identitäten zu betonen, verstehen wir die extreme Selbstkommodifizierung dieser Identitäten als eine Form von neoliberaler Arbeitskraft und beruflichem Vorteil.[128]

Im Unterschied zu Dowsett, für den die sexuelle Markenbildung in eigener Sache auf den interindividuellen Bereich beschränkt bleibt, geht Rosemary Hennessy einen Schritt weiter und betrachtet den stärker strukturierten Bereich der Arbeitswelt und organisatorischen Zusammenhänge, auf die Jacques Bidet aufmerksam macht.[129] Hennessy argumentiert, dass abweichende sexuelle Identitäten zunehmend zu einem Aktivposten werden, der von der Wissensökonomie und Kreativwirtschaft vereinnahmt wird. Manche Arbeitgeber nutzen sogar die Homosexualität von Mitarbeiter:innen als Teil ihrer »Diversitäts«-Programme.[130] Das ist jedoch nicht ganz dasselbe wie unsere These, dass die Arbeitsmarktfähigkeit der Mittelklasse mittlerweile von Affekten sexueller Selbstwertschätzung abhängt.

Ein vielversprechender Forschungsstrang, von dem wir viel darüber lernen können, wie neoliberales Sexualkapital mit der Arbeitsmarktfähigkeit der Mittelklasse und folglich mit der Klassenstruktur im weiteren Sinne zusammenhängt, befasst sich mit Sex an der Hochschule. Jüngere Untersuchungen zeigen, dass sowohl Männer als auch Frauen ihre sexuellen Beziehungen vor dem ersten Hochschulabschluss strategisch angehen (wenngleich Frauen stärker negativ von der Affärenkultur betroffen sind als Männer).[131] In ihrer Studie über Gelegenheitssex an einer amerikanischen Universität stellen Laura Hamilton und Elizabeth Armstrong fest, dass Studierende aus der Oberklasse, anders als die aus der Unterklasse, keine langfristigen Beziehungen anstreben.[132] Sich auf die Affärenkultur einzulassen, ermöglichte es den Frauen aus der Oberklasse, »Spaß zu haben«, sich psychologisch ermächtigt zu fühlen und, vor allem, ihre Zeit ihren Studien und künftigen Karrieren zu widmen, statt ihre emotionalen Energien an einen Mann zu verschwenden.

Wir haben die These vertreten, dass Sex, der in der Privatsphäre koordiniert und erlebt wird, auch in der ökonomischen Sphäre nützlich sein kann, insbesondere in einem unsicheren neoliberalen Arbeitsmarkt.[133] Nach unserer Auffassung stützt die sexuelle Sphäre die Produktionssphäre nicht mehr nur, sie ist vielmehr kaum noch von ihr zu unterscheiden. Dieses Verständnis ist sowohl ökonomisch und gleicht damit dem Bourdieus als auch nichtökonomisch und unterscheidet sich damit von seinem.[134] Letztlich ging Bourdieu davon aus, dass alle Felder und ihr jeweils spezifisches Kapital sekundär im Verhältnis zum Feld der Macht sind. Ökonomisches Kapital ist die Grundlage aller subjektiven sozialen Klassifizierungen und Lebenschancen, und alle nichtökonomischen Kapitalsorten lassen sich in ökonomisches Kapital ummünzen, nie aber umgekehrt.[135] Diese Form von Kapital setzt aber voraus, dass es kein separates sexuelles Feld gibt.

Wir könnten nun fragen: Worin besteht der Unterschied zwischen unserer Konzeption von sexuellem Kapital und der Art von Verbindung, die Catherine Hakim zwischen sexuellem/erotischem Kapital und dem Arbeitsmarkt herstellt? Fairerweise muss man sagen, dass sexuelles Kapital auch für Hakim »sexuelle Kompetenz und Energie, erotische Phantasie und Verspieltheit« einschließt.[136] Diese Komponenten sind unserer Definition von neoliberalem sexuellem Kapital recht ähnlich. Hakims Arbeit hebt nach allgemeinem Verständnis überwiegend auf die Sexyness von Frauen ab. Wir hingegen setzen voraus, dass auch Männer Nutzen aus sexuellem Kapital ziehen können und dass sexuelles Kapital aus sexuellen Erlebnissen und Interaktionen gewonnen werden kann, nicht nur aus einer »sexy« Erscheinung. Schließlich glauben wir, dass die Eigentümer von sexuellem Kapital nicht einfach nur strategisch darauf aus sind, ihr Kapital zu vergrößern oder es im Arbeitsmarkt einzusetzen. Arbeitsmarktfähiges Sexualkapital ist nicht utilitaristisch. Die Motivation, es anzuhäufen oder einzusetzen, ist kein interessengeleitetes Verhalten, sondern durch Klassendispositionen habitualisiert.

5. Fazit

Das Christentum hat die Sexualität privatisiert. Wir sind indessen in ein Zeitalter übergegangen, in dem das sexuelle Selbst entäußert und in der Politik, vor allem aber in Akten des Konsums zum Ausdruck gebracht wird. Seit dem Siegeszug des Freudianismus ist das sexuelle Selbst nicht mehr unter dem öffentlichen Selbst begraben.[1] Es ist noch nicht einmal mehr ein autobiographisches Projekt, um seine eigene Wahrheit zu finden, sondern es ist zu einer diskontinuierlichen Reihe von Inszenierungen geworden, einer »öffentlichen Proklamation sexueller Identität«.[2] Zwar zielen die meisten kritischen soziologischen Analysen der sozialen Funktionsweise von Sex entweder auf die sozialen und wirtschaftlichen Ungerechtigkeiten im Zusammenhang mit Sex, Sexualität und dem Tausch von Sex ab, oder sie widmen sich der Marginalisierung beziehungsweise Ermächtigung sexueller Minderheiten. Doch ist sexuelles Kapital in Wirklichkeit nur dann von Vorteil, wenn wir es *sowohl* als persönliches Gefühl *als auch* als psychisches Vermögen betrachten, die sich beide als Quelle von Autorität gebrauchen lassen, sobald das Arbeitsleben von kurzfristigen, projektbezogenen Beschäftigungsverhältnissen bestimmt ist, denen eine klare Struktur, ein organisatorischer Rahmen und Kontinuität fehlen.

Die hier entfaltete Theorie neoliberalen sexuellen Kapitals schlägt mithin eine radikale politische Ökonomie des Sexes vor.[3] Radikal ist sie, insofern sie die vorherrschende Auffassung ablehnt, der zufolge Sex im Wesentlichen eine Privatsache ist, die keinen Einfluss darauf hat, wie der soziale Raum organisiert ist, insbesondere nicht auf die Klassenverhältnisse auf der Makroebene. In dieser Hinsicht unterscheidet sich unser Ansatz auch von dem der Theoretiker des Humankapitals. Auf den ersten Blick mag zwar ihre Ausrichtung auf individuelle Investitionen in verschiedene beschäftigungsförderliche Wissensbereiche in eine ähnliche Richtung gehen. Auch sie konzentrieren sich auf schwer quantifizierbare, arbeitsmarktrelevante Fertigkeiten, die privat erworben werden (Qualifikationen, die historisch die Verhandlungsmacht von Angestellten der Mittelklasse in der Hochphase der fordistischen Klassenverhältnisse vergrößert haben). Unsere Theorie des neoliberalen Sexualkapitals verknüpft in ähnlicher Weise verkörperte Eigenschaften und Beschäftigung. Im Unterschied zu den Erforscherinnen des Humankapitals setzt unsere Theorie jedoch keine rationalen Akteur:innen voraus, die bewusst Vorteile aus ihrer »Sexyness« oder »inszenierbaren Identität« ziehen.[4] Selbst wenn wir sexuelles Kapital für individuell akkumuliert halten, schließt dies nicht unbedingt ein Theorem der ökonomisch rationalen Wahl in Bezug auf dieses Kapital ein. Anders als solche rationalen, utilitaristischen Herangehensweisen an das Sexualverhalten ist Sex in unseren Augen etwas mehr als ein bloß individualistisches, auf Maximierung ausgerichtetes Kapital atomistischer Akteure, die im Verfolg ihrer Interessen kühl ihre Investitionen kalkulieren.[5] Stattdessen haben wir vorgeschlagen, dass sexuelles Kapital in einem allgemeineren Sinne veranschaulicht, wie Arbeitskräfte aus der Mittelklasse und vor allem diejenigen, die einer kulturellen oder kreativen Tätigkeit nachgehen, verschiedene Arten von implizitem Wissen und verkörperten Fähigkeiten – die nicht zwangsläufig eine formale Ausbildung oder eine lange Erwerbsphase voraussetzen – in einem sehr umkämpften Arbeitsmarkt zu ihrem Vorteil nutzen.

Wir gehen davon aus, dass Sex nicht nur dann Kapital ist, wenn die sexuellen Fähigkeiten und die Arbeitskraft der Subjekte unterer Klassen von der herrschenden Klasse ausgebeutet werden (*sexuelles Kapital als Mehrwert des Körpers*). Auch ist sexuelles Kapital kein rein persönlicher Aktivposten, der von rationalen autonomen Subjekten mittels der Konsumkultur und in persönlichen oder beruflichen Beziehungen auf interindividueller Ebene genutzt und bewirtschaftet wird, wie manche Ökonomen glauben.[6] Soweit ästhetische Kodes der Sexyness und sogar das sexuelle Know-how geschlechts- und klassenspezifisch sind, wie wir im Zusammenhang mit unserer vierten Kategorie von sexuellem Kapital gezeigt haben, ist das neoliberale Sexualkapital vielmehr Teil der Klassenstruktur, gerade weil es von Individuen in ihrem alltäglichen Intimleben akkumuliert wird. Bei neoliberalem Sexualkapital geht es um mehr als die Erschaffung angepasster Arbeitnehmer:innen, deren sexuelle Begierden auf die Privatsphäre von Intimbeziehungen und den häuslichen Konsum beschränkt sind. Es baut vielmehr auf der Annahme auf, dass nur bestimmte Subjekte die sexuelle Freiheit, der sie sich privat erfreuen, auch als Humankapital am Arbeitsplatz nutzen können. Manche Menschen gewinnen Selbstvertrauen und steigern ihr Selbstwertgefühl dadurch, dass sie Sex haben, und das verbessert ihre Arbeitsmarktfähigkeit.[7]

In diesem Essay haben wir wiederholt die Rolle der »Sexindustrie« für die Kapitalakkumulation betont. Die Sexindustrie erklärt aber nur zum Teil, wie Sex der Klassenstruktur dienlich ist. Ja, »Sex sells«, und die Sexindustrie hat erheblich zur Unterwerfung (vornehmlich) armer Frauen und eines wachsenden Reserveheers an Frauen aus der Mittelklasse beigetragen. In der zeitgenössischen Kultur steht Sex aber auch für Freiheit, Selbstverwirklichung, Ermächtigung und Kreativität, also genau die Ideale des zeitgenössischen Kapitalismus und, was noch wichtiger ist, die Eckpfeiler der Arbeitswelt. Mit der Entwicklung des Begriffs eines neoliberalen sexuellen Kapitals nehmen wir ernst, was Feministinnen schon seit langem behaupten: dass die Sphäre der Reproduktion – oder »das Leben selbst« – unmittelbar an der Erhaltung des kapitalistischen Systems und an der Kapitalbildung mitwirkt. Wir können diese Auffassung weiterentwickeln und subjektive Fertigkeiten und Praktiken als unmittelbare Produktionsmittel in einem »selbsterfundenen«, »leidenschaftlichen« und kreativen Arbeitsleben verstehen.[8] Das neoliberale Sexualkapital ist nur ein Beispiel einer gesellschaftlichen Realität, in der insbesondere Angehörige der Mittelklasse, und zwar Männer *wie* Frauen, ihre Lebenswelten und Identitäten ausbeuten müssen, um Beschäftigung zu finden, zumal in Kreativberufen. In dieser Hinsicht hat sich sexuelles Kapital – erotische Attraktivität, die entweder Sexyness (für Frauen) oder sexuelle Leistungsfähigkeit (üblicherweise für Männer) oder beides umfasst – ausgeweitet und wird nicht mehr nur auf eine Weise, die Geschlechterhierarchien widerspiegelt und reproduziert, zwischen Männern und Frauen ausgetauscht. Sexuelles Kapital umfasst und impliziert auch die Gesamtheit der kapitalistischen Reproduktion.

Anmerkungen

1. Einleitung: Sex und soziologische Metaphern

1 So die Kernthese des ersten Teils von Alain Caillé und Frédéric Vandenberghe (Hg.), *For a New Classic Sociology. A Proposition, Followed by a Debate*, Abingdon, New York 2021.

2 Paul Rutherford, *A World Made Sexy. Freud to Madonna*, Toronto 2007.

3 Ranji Devadason, »Metaphor, Social Capital and Sociological Imaginaries«, in: *The Sociological Review*, Bd. 59 (2011), Nr. 3, S. 633-654; Richard Swedberg, »Using Metaphors in Sociology. Pitfalls and Potentials«, in: *The American Sociologist*, Bd. 51 (2020), Nr. 2, S. 240-257.

4 Elizabeth Bernstein, »Sex Work for the Middle Classes«, in: *Sexualities*, Bd. 10 (2007), Nr. 4, S. 473-488; Emily Chang, *Brotopia. Breaking Up the Boys' Club of Silicon Valley*, New York 2018; Yu Ding und Petula Sik Ying Ho, »Sex Work in China's Pearl River Delta. Accumulating Sexual Capital as a Life-Advancement Strategy«, in: *Sexualities*, Bd. 16 (2013), Nr. 1/2, S. 43-60; Amin Kalaaji u. a., »Female Cosmetic Genital Surgery. Patient Characteristics, Motivation, and Satisfaction«, in: *Aesthetic Surgery Journal*, Bd. 39 (2019), Nr. 12, S. 1455-1466.

5 Catherine Hakim, *Erotisches Kapital. Das Geheimnis erfolgreicher Menschen*, übers. von Susanne Kuhlmann-Krieg, Frankfurt/M., New York 2011, S. 20.

6 Catharine A. MacKinnon, »Feminism, Marxism, Method, and the State. Toward Feminist Jurisprudence«, in: *Signs. Journal of Women in Culture and Society*, Bd. 8 (1983), Nr. 4, S. 635-658.

7 Pantéa Farvid, Virginia Braun und Casey Rowney, »›No Girl Wants to Be Called a Slut!‹. Women, Heterosexual Casual

Sex and the Sexual Double Standard«, in: *Journal of Gender Studies*, Bd. 26 (2017), Nr. 5, S. 544-560; Sabino Kornrich, Julie Brines und Katrina Leupp, »Egalitarianism, Housework, and Sexual Frequency in Marriage«, in: *American Sociological Review*, Bd. 78 (2013), Nr. 1, S. 26-50; Göran Therborn, *Between Sex and Power. Family in the World, 1900-2000*, London, New York 2004.

8 Clare Hemmings, »Affective Solidarity. Feminist Reflexivity and Political Transformation«, in: *Feminist Theory*, Bd. 13 (2012), Nr. 2, S. 147-161; Marjolein van der Veen, »Rethinking Commodification and Prostitution. An Effort at Peacemaking in the Battles over Prostitution«, in: *Rethinking Marxism*, Bd. 13 (2001), Nr. 2, S. 30-51, hier S. 44.

9 Leticia Sabsay, »The Subject of Performativity. Between the Force of Signifiers and the Desire for the Real«, in: *The Undecidable Unconscious. A Journal of Deconstruction and Psychoanalysis*, Bd. 5 (2018), Nr. 1, S. 155-191, hier S. 158.

10 Tony H. Zhang und Robert Brym, »Tolerance of Homosexuality in 88 Countries. Education, Political Freedom, and Liberalism«, in: *Sociological Forum*, Bd. 34 (2019), Nr. 2, S. 501-521.

11 Jasbir Puar, »Rethinking Homonationalism«, in: *International Journal of Middle East Studies*, Bd. 45 (2013), Nr. 2, S. 336-339.

12 Gilly Hartal, »Gay Tourism to Tel-Aviv. Producing Urban Value?«, in: *Urban Studies*, Bd. 56 (2019), Nr. 6, S. 1148-1164.

13 Nancy Fraser, »Crisis of Care? On the Social-Reproductive Contradictions of Contemporary Capitalism«, in: Tithi Bhattacharya (Hg.), *Social Reproduction Theory. Remapping Class, Recentering Oppression*, London 2017, S. 21-36, hier S. 33.

14 Puar, »Rethinking Homonationalism«, S. 337; Rosemary Hennessy, *Profit and Pleasure. Sexual Identities in Late Capitalism*, New York 2000.

15 Fraser, »Crisis of Care?«, S. 33.

16 David Harvey, »The Body as an Accumulation Strategy«, in: *Environment and Planning D: Society and Space*, Bd. 16 (1998), Nr. 4, S. 401-421.

17 Ebd., S. 404.
18 Pierre Dardot und Christian Laval, *The New Way of the World. On Neo-Liberal Society*, London 2013; Martijn Konings, *The Emotional Logic of Capitalism. What Progressives Have Missed*, Stanford 2015.
19 Steven Seidman, *Romantic Longings. Love in America, 1830-1980*, New York 1991, S. 67.
20 Eva Illouz, *Der Konsum der Romantik. Liebe und die kulturellen Widersprüche des Kapitalismus*, übers. von Andreas Wirthensohn, Frankfurt/M. 2003; dies., *Warum Liebe endet. Eine Soziologie negativer Beziehungen*, übers. von Michael Adrian, Berlin 2018.
21 Ken Plummer, »Sexual Markets, Commodification and Consumption«, in: George Ritzer (Hg.), *The Blackwell Encyclopedia of Sociology*, Bd. 9, Oxford 2007, S. 4250-4252, hier S. 4250f.
22 Vgl. Dana Kaplan, »Porn Tourism and Urban Renewal. The Case of Eilat«, in: *Porn Studies*, Bd. 7 (2020), Nr. 4, S. 459-473.
23 Feona Attwood, *Mainstreaming Sex. The Sexualization of Western Culture*, London 2009; Illouz, *Warum Liebe endet*; Paul B. Preciado, *Testo Junkie*, übers. von Stephan Geene, Berlin 2016.
24 Andreas Reckwitz, »The Society of Singularities«, in: Doris Bachmann-Medick, Jens Kugele und Ansgar Nünning (Hg.), *Futures of the Study of Culture. Interdisciplinary Perspectives, Global Challenges*, Berlin 2020, S. 141-154, hier S. 143.
25 Ebd., S. 145.
26 Stephen Maddison, »Beyond the Entrepreneurial Voyeur? Sex, Porn and Cultural Politics«, in: *New Formations*, Nr. 80/81 (2013), S. 102-118; Alyssa N. Zucker und Laina Y. Bay-Cheng, »Me First. The Relation between Neoliberal Beliefs and Sexual Attitudes«, in: *Sexuality Research and Social Policy* (Juni 2020), S. 1-7.
27 Dana Kaplan, »Sexual Liberation and the Creative Class in Israel«, in: Nancy L. Fisher und Steven Seidman (Hg.), *Introducing the New Sexuality Studies* (Third Edition), Abingdon,

New York 2016, S. 363-370; Stephen Shukaitis und Joanna Figiel, »Knows No Weekend. The Psychological Contract of Cultural Work in Precarious Times«, in: *Journal of Cultural Economy*, Bd. 13 (2020), Nr. 3, S. 290-302.

28 Michèle Lamont, »From ›Having‹ to ›Being‹. Self-Worth and the Current Crisis of American Society«, in: *The British Journal of Sociology*, Bd. 70 (2019), Nr. 3, S. 660-707.

29 Breanne Fahs und Sara I. McClelland, »When Sex and Power Collide. An Argument for Critical Sexuality Studies«, in: *The Journal of Sex Research*, Bd. 53 (2016), Nr. 4, S. 392-416.

30 Ebd., S. 408.

2. Sexuelle Freiheit und sexuelles Kapital

1 Faramerz Dabhoiwala, »Lust and Liberty«, in: *Past & Present*, Bd. 207 (2010), Nr. 1, S. 89-179, hier S. 156.

2 Ebd., S. 179; vgl. auch Stevi Jackson und Sue Scott, »Sexual Antinomies in Late Modernity«, in: *Sexualities*, Bd. 7 (2004), Nr. 2, S. 233-248.

3 Adam Isaiah Green, »Introduction. Toward a Sociology of Collective Sexual Life«, in: ders. (Hg.), *Sexual Fields. Toward a Sociology of Collective Sexual Life*, Chicago 2014, S. 1-24, hier S. 6f.

4 Illouz, *Warum Liebe endet*.

5 Pierre Bourdieu, *Die Regeln der Kunst. Genese und Struktur des literarischen Feldes*, übers. von Bernd Schwibs und Achim Russer, Frankfurt/M. 2001.

6 Max Weber, »Die Wirtschaftsethik der Weltreligionen«, Abschnitt »Zwischenbetrachtung«, in: ders., *Gesammelte Aufsätze zur Religionssoziologie I*, Stuttgart [9]1988, S. 536-573, hier S. 560.

7 Ebd.

8 Jeffrey Weeks, *Sexuality and its Discontents. Meanings, Myths, and Modern Sexualities*, London 1985, S. 12; vgl. Georg Simmel, »Das Abenteuer«, in: ders., *Das Abenteuer und andere*

Essays, hg. von Christian Schärf, Frankfurt/M. 2010, S. 39-57.

9 Vgl. Rosalind Ann Sydie, »Sex and the Sociological Fathers«, in: *Canadian Review of Sociology/Revue canadienne de sociologie*, Bd. 31 (1994), Nr. 2, S. 117-138.

10 So vor allem, wenn auch in sehr unterschiedlicher Weise, Anthony Giddens, *Wandel der Intimität. Sexualität, Liebe und Erotik in modernen Gesellschaften*, übers. von Hanna Pelzer, Frankfurt/M. 1993; Michel Foucault, *Sexualität und Wahrheit*, Bd. 1: *Der Wille zum Wissen*, übers. von Ulrich Raulff und Walter Seitter, Frankfurt/M. 1985. Vgl. John Levi Martin und Matt George, »Theories of Sexual Stratification. Toward an Analytics of the Sexual Field and a Theory of Sexual Capital«, in: *Sociological Theory*, Bd. 24 (2006), Nr. 2, S. 107-132, hier S. 126.

11 Eva Illouz, *Warum Liebe weh tut. Eine soziologische Erklärung*, übers. von Michael Adrian, Berlin 2011.

12 Werner Sombart, *Der Bourgeois. Zur Geistesgeschichte des modernen Wirtschaftslebens*, München, Leipzig 1913, S. 438; zitiert bei John Levi Martin, »Structuring the Sexual Revolution«, in: *Theory and Society*, Bd. 25 (1996), Nr. 1, S. 105-151, hier S. 115.

13 Herbert Marcuse, *Der eindimensionale Mensch. Studien zur Ideologie der fortgeschrittenen Industriegesellschaft*, übers. von Alfred Schmidt, Springe 2014.

14 Andrew Sayer, »Moral Economy and Political Economy«, in: *Studies in Political Economy*, Bd. 61 (2000), Nr. 1, S. 79-103, hier S. 79.

15 Ben Fine, »From Bourdieu to Becker. Economics Confronts the Social Sciences«, in: Philipp Arestis und Malcolm C. Sawyer (Hg.), *The Rise of the Market. Critical Essays on the Political Economy of Neo-Liberalism*, Cheltenham, Northampton 2004, S. 76-106, hier S. 77; vgl. Thomas Piketty, *Ökonomie der Ungleichheit. Eine Einführung*, übers. von Stefan Lorenzer, München 2016.

16 So etwa Geoffrey M. Hodgson, »Conceptualizing Capital-

ism. A Summary«, in: *Competition & Change*, Bd. 20 (2016), Nr. 1, S. 37-52; vgl. Laurent Thévenot, »You Said ›Capital‹? Extending the Notion of Capital, Interrogating Inequalities and Dominant Powers«, in: *Annales. Histoire, Sciences Sociales*, Bd. 70 (2015), Nr. 1, S. 65-76.

17 Thévenot, »You Said ›Capital‹?«.

18 Sayer, »Moral Economy and Political Economy«, S. 94.

3. Was ist sexuelles Kapital?

1 Valerie Traub, »Making Sexual Knowledge«, in: *Early Modern Women*, Bd. 5 (Herbst 2010), S. 251-259, hier S. 253.

2 Vgl. Stevi Jackson und Sue Scott, *Theorizing Sexuality*, Maidenhead 2010, S. 139; Deborah L. Tolman, Christin P. Bowman und Breanne Fahs, »Sexuality and Embodiment«, in: Deborah L. Tolman und Lisa M. Diamond (Hg.), *APA Handbook of Sexuality and Psychology*, Washington, D.C., 2014, S. 759-804, hier S. 760.

3 Janet Halley, *Split Decisions. How and Why to Take a Break from Feminism*, Princeton 2006. Diese Definition gleicht stark Gayle Rubins bekanntem »Sex/Gender-System«, verstanden als »einen Satz von Ordnungen, nach denen das biologische Rohmaterial von Sex und Fortpflanzung durch soziale Intervention zu Gender geformt und nach bestimmten Regeln befriedigt wird« (Gayle Rubin, »Der Frauentausch. Zur ›Politischen Ökonomie‹ von Geschlecht«, in: Gabriele Dietze und Sabine Hark [Hg.], *Gender kontrovers. Genealogien und Grenzen einer Kategorie*, Königstein/Ts. 2006, S. 69-122, hier S. 76).

4 David M. Halperin, »What is Sex for?«, in: *Critical Inquiry*, Bd. 43 (2016), Nr. 1, S. 1-31.

5 Halley, *Split Decisions*, S. 24; vgl. auch Tamsin Wilton, »What is Sex? Asking the Impossible Question«, in: dies., *Sexual (Dis)Orientation. Gender, Sex, Desire and Self-fashioning*, Basingstoke, New York 2004, S. 54-75, hier S. 56.

6 Rachel Wood, »Look Good, Feel Good. Sexiness and Sexual Pleasure in Neoliberalism«, in: Ana Sofia Elias, Rosalind Gill und Christina Scharff (Hg.), *Aesthetic Labour. Rethinking Beauty Politics in Neoliberalism*, London 2017, S. 317-332.

7 Emily H. Ruppel, »Turning Bourdieu Back upon Sexual Field Theory«, *Sexualities* (Nov. 2020), doi.org/10.1177/1363460720976958.

8 Lisa Duggan, »The New Homonormativity. The Sexual Politics of Neoliberalism«, in: Russ Castronovo, Dana D. Nelson und Donald E. Pease (Hg.), *Materializing Democracy. Toward a Revitalized Cultural Politics*, Durham 2002, S. 175-194; Hemmings, »Affective Solidarity«; Jackson und Scott, »Sexual Antinomies in Late Modernity«; Eve Ng, »A ›Post-Gay‹ Era? Media Gaystreaming, Homonormativity, and the Politics of LGBT Integration«, in: *Communication, Culture & Critique*, Bd. 6 (2013), Nr. 2, S. 258-283.

9 Vgl. Gayle Rubin, »Thinking Sex. Notes for a Radical Theory of the Politics of Sexuality«, in: Carol S. Vance (Hg.), *Pleasure and Danger. Exploring Female Sexuality*, Boston 1984, S. 267-319; Monique Mulholland, »When Porno Meets Hetero. SEXPO, Heteronormativity and the Pornification of the Mainstream«, in: *Australian Feminist Studies*, Bd. 26 (2011), Nr. 67, S. 119-135; vgl. auch Feona Attwood und Clarissa Smith, »Leisure Sex. More Sex! Better Sex! Sex is Fucking Brilliant! Sex, Sex, Sex, SEX«, in: Tony Blackshaw (Hg.), *Routledge Handbook of Leisure Studies*, New York 2013, S. 325-336; Nancy L. Fischer, »Seeing ›Straight‹, Contemporary Critical Heterosexuality Studies and Sociology. An Introduction«, in: *The Sociological Quarterly*, Bd. 54 (2013), Nr. 4, S. 501-510; Jackson und Scott, »Sexual Antinomies in Late Modernity«; Steven Seidman, »Critique of Compulsory Heterosexuality«, in: *Sexuality Research and Social Policy*, Bd. 6 (2009), Nr. 1, S. 18-28.

10 Karl Marx, *Das Kapital. Kritik der politischen Ökonomie*, Bd. 1, *Marx Engels Werke*, Bd. 23, Berlin 2001.

11 Rubin, »Der Frauentausch«, S. 72.

12 Fine, »From Bourdieu to Becker«, S. 79.
13 Hodgson, »Conceptualizing Capitalism«, S. 43 f.
14 Ebd., S. 43.
15 Ebd., S. 44.
16 Thévenot, »You Said ›Capital‹?«, S. 66-69.
17 Pierre Bourdieu, »Ökonomisches Kapital, kulturelles Kapital, soziales Kapital«, in: Reinhard Kreckel (Hg.), *Soziale Ungleichheiten*, *Soziale Welt*, Sonderband 2, Göttingen 1983, S. 183-198.
18 Eva Illouz, *Die Errettung der modernen Seele. Therapien, Gefühle und die Kultur der Selbsthilfe*, übers. von Michael Adrian, Frankfurt/M. 2009; Michèle Lamont, *Money, Morals, and Manners. The Culture of the French and the American Upper-Middle Class*, Chicago 1992.
19 Hodgson, »Conceptualizing Capitalism«, S. 44; vgl. auch Fine, »From Bourdieu to Becker«, S. 79.
20 Anthony M. Endres und David A. Harper, »Capital in the History of Economic Thought. Charting the Ontological Underworld«, in: *Cambridge Journal of Economics*, Bd. 44 (2020), Nr. 5, S. 1069-1091.
21 Thévenot, »You Said ›Capital‹?«; Mike Savage, Alan Warde und Fiona Devine, »Capitals, Assets, and Resources. Some Critical Issues«, in: *The British Journal of Sociology*, Bd. 56 (2005), Nr. 1, S. 31-47.
22 Thévenot, »You Said ›Capital‹?«, S. 70. – Als »Koordinationsweisen« bezeichnet Thévenot die vielfältigen Arten und Weisen, auf die ganz unterschiedliche soziale Handlungen, Akteure und Objekte geordnet, zusammengestellt, reguliert, vorteilhaft gemacht usw. werden können, mithin die konkreten Organisationsprinzipien, Logiken und Bereiche, in und gemäß denen soziales Handeln stattfindet. Märkte etwa sind eine immense derartige Koordinationsweise, aber auch Familien; Netzwerke könnten eine dritte, aktuellere Weise der (sozialen) Koordination bilden. Eine Koordinationsweise ist, anders gesagt, eine spezifische Art, im Rahmen der allgemeinen Gesellschaftsordnung Dinge zu tun: eine spezifi-

sche Weise der Investition, der Übertragung/des Austauschs und der Bewertung bestimmter feldspezifischer Praktiken. Für Thévenot liegt hierin der Hauptgrund, warum es verschiedene Arten von Kapital gibt, die sich nicht allein auf ökonomische und marktbasierte Kapitalformen reduzieren lassen.

23 Scott Davies und Jessica Rizk, »The Three Generations of Cultural Capital Research. A Narrative Review«, in: *Review of Educational Research*, Bd. 88 (2018), Nr. 3, S. 331-365; Gloria Kutscher, »Studying Diversity at Work from a Class Perspective. An Inductive and Supra-Categorical Approach«, in: Sine Nørholm Just, Annette Risberg und Florence Villesèche (Hg.), *The Routledge Companion to Organizational Diversity Research Methods*, New York 2020, S. 216-227.

24 Sam Friedman und Aaron Reeves, »From Aristocratic to Ordinary. Shifting Modes of Elite Distinction«, in: *American Sociological Review*, Bd. 85 (2020), Nr. 2, S. 323-350.

25 Beverley Skeggs, »The Forces that Shape Us. The Entangled Vine of Gender, Race and Class«, in: *The Sociological Review*, Bd. 67 (2019), Nr. 1, S. 28-35.

26 Jon Beasley-Murray, »Value and Capital in Bourdieu and Marx«, in: Nicholas Brown und Imre Szeman (Hg.), *Pierre Bourdieu. Fieldwork in Culture*, Lanham 2000, S. 100-119; Savage u. a., »Capitals, Assets, and Resources«.

27 Vgl. Rachel L. Cohen, »Types of Work and Labour«, in: Gregor Gall (Hg.), *Handbook on the Politics of Labour, Work and Employment*, Cheltenham, Northampton 2019, S. 261-280; Alan Sears, »Body Politics. The Social Reproduction of Sexualities«, in: Bhattacharya (Hg.), *Social Reproduction Theory*, S. 171-191.

4. Formen sexuellen Kapitals: Die vier Kategorien

1 Fraser, »Crisis of Care?«.

2 Illouz, *Warum Liebe endet*.

3 Siehe oben, S. 29f.; diesen Punkt betonen auch Martin und George, »Theories of Sexual Stratification«.

4 Die soziale Konstruktion der vormodernen Sexualität analysieren historisch nuanciert Dabhoiwala, »Lust and Liberty«; Daniel Juan Gil, *Before Intimacy. Asocial Sexuality in Early Modern England*, Minneapolis 2006; sowie die Beiträge in Satu Lidman u.a. (Hg.), *Framing Premodern Desires. Sexual Ideas, Attitudes, and Practices in Europe*, Amsterdam 2017.

5 Michel Feher, »Self-Appreciation; or, The Aspirations of Human Capital«, in: *Public Culture*, Bd. 21 (2009), Nr. 1, S. 21-41.

6 Joanna Brewis und Stephen Linstead, *Sex, Work and Sex Work. Eroticizing Organization*, London 2000, S. 197.

7 Dabhoiwala, »Lust and Liberty«.

8 Vgl. S. 57-62.

9 Feher, »Self-Appreciation«, S. 23f.

10 Lauren Berlant und Michael Warner, »Sex in Public«, in: *Critical Inquiry*, Bd. 24 (1998), Nr. 2, S. 547-566, hier S. 553; Gail Hawkes, *A Sociology of Sex and Sexuality*, Buckingham 1996; Hennessy, *Profit and Pleasure*, S. 95; Thomas Laqueur, »Sex and Desire in the Industrial Revolution«, in: Patrick K. O'Brien und Roland Quinault (Hg.), *The Industrial Revolution and British Society*, Cambridge 1993, S. 100-123.

11 Rubin, »Thinking Sex«, S. 281f.

12 Sheila Jeffreys, *Die industrialisierte Vagina. Die politische Ökonomie des globalen Sexhandels*, übers. von Sonja Ziegowski, Hamburg 2014.

13 Dabhoiwala, »Lust and Liberty«, S. 112-115.

14 Feher, »Self-Appreciation«, S. 24.

15 Vgl. die Beiträge in Bhattacharya (Hg.), *Social Reproduction Theory*; sowie Rhonda Gottlieb, »The Political Economy of Sexuality«, in: *Review of Radical Political Economics*, Bd. 16 (1984), Nr. 1, S. 143-165; Kylie Jarrett, »The Relevance of ›Women's Work‹. Social Reproduction and Immaterial Labor in Digital Media«, in: *Television & New Media*, Bd. 15 (2014), Nr. 1, S. 14-29.

16 Silvia Federici, *Caliban und die Hexe. Frauen, der Körper und die ursprüngliche Akkumulation*, übers. von Max Henninger, Wien 2012.

17 Antonio Gramsci, »Amerikanismus und Fordismus«, in: ders., *Gefängnishefte*, hg. unter Leitung von Klaus Bochmann und Wolfgang Fritz Haug, Bd. 9, Hamburg 1999, S. 2061-2101.

18 Claudia von Werlhof, »Notes on the Relation between Sexuality and Economy«, in: *Review (Fernand Braudel Center)*, Bd. 4 (1980), Nr. 1, S. 33-42, hier S. 38; vgl. auch Dardot und Laval, *The New Way of the World*, S. 185-187; Sears, »Body Politics«.

19 Jeffreys, *Die industrialisierte Vagina*.

20 Rubin, »Der Frauentausch«, S. 106.

21 Hakim, *Erotisches Kapital*; vgl. auch Roy F. Baumeister u.a., »Competing for Love. Applying Sexual Economics Theory to Mating Contests«, in: *Journal of Economic Psychology*, Nr. 63 (2017), S. 230-241.

22 Green, »Introduction«; Adam Isaiah Green, »The Sexual Fields Framework«, in: ders. (Hg.), *Sexual Fields*, S. 25-56; Valerie Hey, »The Contrasting Social Logics of Sociality and Survival. Cultures of Classed Be/Longing in Late Modernity«, in: *Sociology*, Bd. 39 (2005), Nr. 5, S. 855-872; Ruppel, »Turning Bourdieu Back upon Sexual Field Theory«.

23 Green, »The Sexual Fields Framework«, S. 28.

24 Zur Frage des Maßstabs in Studien über sexuelle Felder vgl. Ruppel, »Turning Bourdieu Back upon Sexual Field Theory«.

25 Willard Waller, »The Rating and Dating Complex«, in: *American Sociological Review*, Bd. 2 (1937), Nr. 5, S. 727-734.

26 Green, »Introduction«; »The Sexual Fields Framework«; Inglis, »Foucault, Bourdieu and the Field of Irish Sexuality«.

27 Martin S. Weinberg und Colin J. Williams, »Sexual Field, Erotic Habitus, and Embodiment at a Transgender Bar«, in: Green (Hg.), *Sexual Fields*, S. 57-70.

28 Green, »The Sexual Fields Framework«, S. 47.

29 Ashley Mears, *Very Important People. Status and Beauty in the Global Party Circuit*, Princeton 2020.

30 Plummer, »Sexual Markets, Commodification and Consumption«.

31 Rachel O'Neill, *Seduction. Men, Masculinity and Mediated Intimacy*, Cambridge 2018.

32 Baumeister u.a., »Competing for Love«.

33 Dana Kaplan, *Recreational Sexuality, Food, New Age Spirituality. A Cultural Sociology of Middle-Class Distinctions*, Dissertation, Hebräische Universität Jerusalem 2015; dies., »Sexual Liberation and the Creative Class in Israel«.

34 Vgl. Baumeister u.a., »Competing for Love«.

35 Feher, »Self-Appreciation«.

36 Kaplan, *Recreational Sexuality, Food, New Age Spirituality*; dies., »Sexual Liberation and the Creative Class in Israel«.

37 Ebd.

38 Feher, »Self-Appreciation«; Hey, »The Contrasting Social Logics of Sociality and Survival«; Kaplan, *Recreational Sexuality, Food, New Age Spirituality*.

39 Faramerz Dabhoiwala, *The Origins of Sex. A History of the First Sexual Revolution*, Oxford 2012, S. 181.

40 Ebd., S. 232.

41 Vgl. aber Peter Gay, *Erziehung der Sinne. Sexualität im bürgerlichen Zeitalter*, übers. von Holger Fließbach, München 1986, S. 149f.

42 Hera Cook, *The Long Sexual Revolution. English Women, Sex, and Contraception 1800-1975*, Oxford 2004.

43 Ebd., S. 65.

44 Sigmund Freud, »Die ›kulturelle‹ Sexualmoral und die moderne Nervosität«, in: ders, *Studienausgabe*, hg. von Alexander Mitscherlich, Angela Richards und James Strachey, Bd. 9, Frankfurt/M. 1986, S. 9-32; John Levi Martin, »Structuring the Sexual Revolution«, in: *Theory and Society*, Bd. 25 (1996), Nr. 1, S. 105-151, hier S. 127.

45 Cook, *The Long Sexual Revolution*.

46 Freud, »Die ›kulturelle‹ Sexualmoral und die moderne Nervosität«.

47 Martin, »Structuring the Sexual Revolution«.

48 Gramsci, »Amerikanismus und Fordismus«.

49 Lisa R. Pruitt, »Her Own Good Name. Two Centuries of Talk about Chastity«, in: *Maryland Law Review*, Bd. 63 (2004), Nr. 3, S. 401-539, hier S. 423.

50 Cohen, »Types of Work and Labour«.

51 *The Report of the Commission on Obscenity and Pornography*, September 1970, S. 18f., ⟨https://babel.hathitrust.org/cgi/pt?id=mdp.39015036875279&view=1up&seq=37⟩, letzter Zugriff 18.3.2021.

52 Joseph W. Slade, »Pornography in the Late Nineties«, in: *Wide Angle*, Bd. 19 (1997), Nr. 3, S. 1-12.

53 Vgl. Ross Benes, »Porn could have a bigger economic influence on the US than Netflix«, 20. Juni 2018, ⟨https://finance.yahoo.com/news/porn-could-bigger-economic-influence-121524565.html⟩, letzter Zugriff 18.3.2021.

54 Vgl. ⟨https://www.pornhub.com/insights/2019-year-in-review⟩, letzter Zugriff 18.3.2021.

55 Harvey, »The Body as an Accumulation Strategy«, S. 406.

56 Jeffreys, *Die industrialisierte Vagina*; Linda McDowell, *Working Bodies. Interactive Service Employment and Workplace Identities*, Oxford 2009.

57 Plummer, »Sexual Markets, Commodification and Consumption«.

58 Barbara G. Brents und Kathryn Hausbeck, »Marketing Sex. US Legal Brothels and Late Capitalist Consumption«, in: *Sexualities*, Bd. 10 (2007), Nr. 4, S. 425-439.

59 Dana Kaplan, »Recreational Sex Not-at-Home. The Atmospheres of Sex Work in Tel Aviv«, in: Brent Pilkey u.a. (Hg.), *Sexuality and Gender at Home. Experience, Politics, Transgression*, London, New York 2017, S. 216-231.

60 Brents und Hausbeck, »Marketing Sex«, S. 433.

61 Ebd., S. 434.

62 Paul Ryan, *Male Sex Work in the Digital Age. Curated Lives*, New York 2019, S. 130.

63 Teela Sanders, »›It's Just Acting‹. Sex Workers' Strategies for Capitalizing on Sexuality«, in: *Gender, Work, and Organization*, Bd. 12 (2005), Nr. 4, S. 319-342, hier S. 322.

64 Brewis und Linstead, *Sex, Work and Sex Work*, S. 197, 233; vgl. oben, S. 46.

65 Bernstein, »Sex Work for the Middle Classes«.

66 Thévenot, »You Said ›Capital‹?«.

67 Feher, »Self-Appreciation«, S. 30.

68 Kavita Ilona Nayar, »Sweetening the Deal. Dating for Compensation in the Digital Age«, in: *Journal of Gender Studies*, Bd. 26 (2017), Nr. 3, S. 335-346; Franklin G. Mixon, »Sugar Daddy U. Human Capital Investment and the University-based Supply of ›Romantic Arrangements‹«, in: *Applied Economics*, Bd. 51 (2019), Nr. 9, S. 956-971.

69 Cohen, »Types of Work and Labour«.

70 Akiko Takeyama, *Staged Seduction. Selling Dreams in a Tokyo Host Club*, Stanford 2016, S. XV.

71 Mears, *Very Important People*, S. 110.

72 Ebd., S. 112.

73 Ebd., S. 126.

74 Vgl. ebd.

75 »Michel Houellebecq. The Sex Export«, in: *The Independent*, 8. Juli 2013, ⟨https://www.independent.co.uk/news/people/profiles/michel-houellebecq-the-sex-export-307323.html#⟩, letzter Zugriff 18. 3. 2021.

76 Michel Houellebecq, *Die Welt als Supermarkt. Interventionen*, übers. von Hella Beister, Köln 1999, S. 31 f. Zu einigen Analysen der Funktionen des sexuellen Wettbewerbs in Houellebecqs Romanwerk vgl. Niall Sreenan, »Universal, Acid. Houellebecq's Clones and the Evolution of Humanity«, in: *Modern & Contemporary France*, Bd. 27 (2019), Nr. 1, S. 77-93; Carole Sweeney, *Michel Houellebecq and the Literature of Despair*, London, New York 2013; James Dutton, »Houellebecq, Pornographer? Monstration and the Remains of Sex«,

in: *Critique: Studies in Contemporary Fiction* (2020), doi.org/10.1080/00111619.2020.1858748.

77 Waller, »The Rating and Dating Complex«.

78 Martin und George, »Theories of Sexual Stratification«, S. 108; Adam Isaiah Green, »Erotic Habitus. Toward a Sociology of Desire«, in: *Theoretical Sociology*, Bd. 37 (2008), Nr. 6, S. 597-626; ders., »The Sexual Fields Framework«.

79 Ruppel, »Turning Bourdieu Back upon Sexual Field Theory«.

80 Tom Inglis, »Foucault, Bourdieu and the Field of Irish Sexuality«, in: *Irish Journal of Sociology*, Bd. 7 (1997), Nr. 1, S. 5-28.

81 James Farrer, »A Foreign Adventurer's Paradise? Interracial Sexuality and Alien Sexual Capital in Reform Era Shanghai«, in: *Sexualities*, Bd. 13 (2010), Nr. 1, S. 69-95, hier S. 75.

82 Vgl. Sirin Kale, »50 Years of Pickup Artists. Why is the Toxic Skill Still So in Demand«, 5. November 2019, ⟨https://www.theguardian.com/lifeandstyle/2019/nov/05/pickup-artists-teaching-men-approach-women-industry-street-harassment⟩, letzter Zugriff 18.3.2021.

83 Zing Tsjeng, »Men Are Still Spending Obscene Amounts of Money to Become Pick-Up Artists«, 15. Juni 2018, ⟨https://www.vice.com/en/article/gyk37y/pickup-artist-study-rachel-oneill-seduction-book⟩, letzter Zugriff 18.3.2021; Neil Strauss, *Die perfekte Masche. Bekenntnisse eines Aufreißers*, übers. von Nina Pallandt und Toni Maymann, Berlin 2012.

84 Green, »Introduction«, S. 39.

85 Lisa Wade, »Doing Casual Sex. A Sexual Fields Approach to the Emotional Force of Hookup Culture«, in: *Social Problems*, Bd. 68 (2021), Nr. 1, S. 185-201, hier S. 187.

86 Ebd.

87 Ruppel, »Turning Bourdieu Back upon Sexual Field Theory«.

88 Emma Phillips, »›It's Classy Because You Can't See Things‹. Data from a Project Co-Creating Sexy Images of Young Women«, in: *Feminist Media Studies* 2020 (Vorabveröffentlichung), S. 1-16, hier S. 8.

89 Ebd., S. 9. Zum »bürgerlichen Blick« vgl. Beverley Skeggs,

»Imagining Personhood Differently. Person Value and Autonomist Working-Class Value Practices«, in: *The Sociological Review*, Bd. 59 (2011), Nr. 3, S. 496-513, hier S. 496.

90 Illouz, *Errettung der modernen Seele*; dies., *Warum Liebe endet*; William Mazzarella, »Citizens Have Sex, Consumers Make Love. Marketing KamaSutra Condoms in Bombay«, in: Brian Moeran (Hg.), *Asian Media Productions*, Abingdon, New York 2001, S. 168-196.

91 Ruth Lewis, Cicely Marston und Kaye Wellings, »Bases, Stages and ›Working Your Way Up‹. Young People's Talk About Non-Coital Practices and ›Normal‹ Sexual Trajectories«, in: *Sociological Research Online*, Bd. 18 (2013), Nr. 1, Abs. 5.2.

92 Rosalind Gill, »Mediated Intimacy and Postfeminism. A Discourse Analytic Examination of Sex and Relationships Advice in a Women's Magazine«, in: *Discourse and Communication*, Bd. 3 (2009), Nr. 4, S. 345-369; Elizabeth Goren, »America's Love Affair with Technology. The Transformation of Sexuality and the Self over the 20th Century«, in: *Psychoanalytic Psychology*, Bd. 20 (2003), Nr. 3, S. 487-508.

93 Vgl. Elizabeth A. Armstrong, Paula England und Alison C. K. Fogarty, »Accounting for Women's Orgasm and Sexual Enjoyment in College Hookups and Relationships«, in: *American Sociological Review*, Bd. 77 (2012), Nr. 3, S. 435-462.

94 Gill, »Mediated Intimacy and Postfeminism«.

95 Hawkes, *Sociology of Sex and Sexuality*, S. 95.

96 Illouz, *Errettung der modernen Seele*.

97 Jennifer Scanlon, »Sexy from the Start. Anticipatory Elements of Second Wave Feminism«, in: *Women's Studies*, Bd. 38 (2009), Nr. 2, S. 127-150.

98 Gill, »Mediated Intimacy and Postfeminism«; Rosalind Gill und Christina Scharff (Hg.), *New Femininities. Postfeminism, Neoliberalism, and Subjectivity*, London 2011; Melissa Tyler, »Managing between the Sheets. Lifestyle Magazines and the Management of Sexuality in Everyday Life«, in: *Sexualities*, Bd. 7 (2004), Nr. 1, S. 81-106.

99 Margot Weiss, *Techniques of Pleasure. BDSM and the Circuits of Sexuality*, Durham 2011, S. 76.

100 Adam Arvidsson, »Netporn. The Work of Fantasy in the Information Society«, in: Katrien Jacobs, Marije Janssen und Matteo Pasquinelli (Hg.), *C'LICK ME. A Netporn Studies Reader*, Amsterdam 2007, S. 69-76, hier S. 70; Hennessy, *Profit and Pleasure*, S. 94-110.

101 Preciado, *Testo Junkie*, S. 35.

102 Gail Dines, »›I Buy it for the Articles‹. Playboy Magazine and the Sexualization of Consumerism«, in: dies. und Jean M. Humes (Hg.), *Gender, Race, and Class in Media. A Critical Reader*, Thousand Oaks 1995, S. 254-262; Preciado, *Testo Junkie*; Kaplan, *Recreational Sexuality, Food, New Age Spirituality*.

103 Vgl. *Sex Toys Market Size, Share & Trends Analysis Report*, Januar 2021, ⟨https://www.grandviewresearch.com/industry-analysis/sex-toys-market⟩, letzter Zugriff 18.3.2021.

104 Obwohl sie zweifellos beides einschließen kann. Um das Beispiel aus dem letzten Abschnitt zu nehmen, so können Menschen, die SM praktizieren, sexuelle Waren wie spezielle Ausrüstungsgegenstände, Workshops usw. konsumieren.

105 Rosemary Crompton, »Class and Employment«, in: *Work, Employment and Society*, Bd. 24 (2010), Nr. 1, S. 9-26, hier S. 21.

106 Maria San Filippo, *Provoc*auteurs *and Provocations. Screening Sex in 21st Century Media*, Bloomington 2021, S. 171 f.; Christopher Lloyd, »Sexual Perversity in New York?«, in: Meredith Nash und Imelda Whelehan (Hg.), *Reading Lena Dunham's* Girls. *Feminism, Postfeminism, Authenticity, and Gendered Performance in Contemporary Television*, Cham 2017, S. 197-207, doi.org/10.1007/978-3-319-52971-4_14; Rosalind Gill, »Afterword. *Girls*: Notes on Authenticity, Ambivalence and Imperfection«, in: ebd., S. 225-242, doi.org/10.1007/978-3-319-52971-4_16.

107 Jane Artess, Tristram Hooley und Robin Mellors-Bourne, »Employability. A Review of the Literature 2012 to 2016 – A Report for the Higher Education Academy«, 2017,

⟨https://eric.ed.gov/?id=ED574372⟩, letzter Zugriff 18.3.2021; Ilana Gershon, *Down and Out in the New Economy. How People Find (or Don't Find) Work Today*, Chicago 2017.

108 Peter Bloom, »Fight for Your Alienation. The Fantasy of Employability and the Ironic Struggle for Self-Exploitation«, in: *Ephemera. Theory & Politics in Organizations*, Bd. 13 (2013), Nr. 4, S. 785-807, hier S. 796.

109 Ashley Mears, *Pricing Beauty. The Making of a Fashion Model*, Berkeley, Los Angeles 2011; dies., *Very Important People*.

110 Scott Freng und David Webber, »Turning up the Heat on Online Teaching Evaluations. Does ›Hotness‹ Matter?«, in: *Teaching of Psychology*, Bd. 36 (2009), Nr. 3, S. 189-193; Catherine Hakim, »Erotic Capital«, in: *European Sociological Review*, Bd. 26 (2010), Nr. 5, S. 499-518; dies., »Erotic Capital, Sexual Pleasure, and Sexual Markets«, in: Osmo Kontula (Hg.), *Pleasure and Health by Education, Counselling and Treatment. Nordic Association for Clinical Sexology, Conference Proceedings*, Helsinki 2012, S. 27-44, ⟨http://nacs.eu/data/nacs_final_sec_edit_web.pdf⟩, letzter Zugriff 18.3.2021; Chris Warhurst und Dennis Nickson, »›Who's Got the Look?‹ Emotional, Aesthetic and Sexualized Labour in Interactive Services«, in: *Gender, Work and Organization*, Bd. 16 (2009), Nr. 3, S. 385-404.

111 Kaplan, *Recreational Sexuality, Food, New Age Spirituality*; dies., »Sexual Liberation and the Creative Class in Israel«.

112 Keith Leavitt u. a., »From the Bedroom to the Office. Workplace Spillover Effects of Sexual Activity at Home«, in: *Journal of Management*, Bd. 45 (2019), Nr. 3, S. 1173-1192, hier S. 1185.

113 Ebd., S. 1186 (unsere Hervorh.).

114 Illouz, *Warum Liebe endet*.

115 Einem Bericht der *New York Times* zufolge meldeten sich viele Frauen, die in der Corona-bedingten Wirtschaftskrise von 2020 ihre Arbeit verloren hatten, auf dem Webportal OnlyFans an. Eine der befragten Frauen machte sich »Sorgen, dass ihre Präsenz auf der Plattform es ihr erschweren könnte, in

Zukunft eine normale Stelle zu bekommen. ›Wenn man nach einem klassischen Bürojob sucht, könnte es sein, dass man nicht angestellt wird, wenn sie herausfinden, dass man auf OnlyFans ist‹, sagte sie. ›Womöglich wollen sie einen nicht, wenn sie herausfinden, dass man eine Sexarbeiterin ist.‹« Gillian Friedman, »Jobless, Selling Nudes Online and Still Struggling«, in: *The New York Times*, 13. Januar 2021, ⟨https://www.nytimes.com/2021/01/13/business/onlyfans-pandemic-users.html⟩, letzter Zugriff 18.3.2021.

116 Kaplan, *Recreational Sexuality, Food, New Age Spirituality*; dies., »Sexual Liberation and the Creative Class in Israel«.

117 Dardot und Laval, *The New Way of the World*, S. 312.

118 Zucker und Bay-Cheng, »Me First«.

119 ⟨https://www.haaretz.co.il/digital/podcast/PODCAST-1.9388997⟩, letzter Zugriff 18.3.2021.

120 Crompton, »Class and Employment«, S. 21.

121 Sheila Lintott und Sherri Irvin, »Sex Object and Sexy Subjects. A Feminist Reclamation of Sexiness«, in: Sherri Irvin (Hg.), *Body Aesthetics*, Oxford 2016, S. 299-318, hier S. 310.

122 Chang, *Brotopia*; Alfred C. Kinsey, Wardell B. Pomeroy und Clyde E. Martin, *Das sexuelle Verhalten des Mannes*, übers. von Marianne von Eckardt-Jaffé u. a., Berlin 1955; Elisabeth Sheff und Corie Hammers, »The Privilege of Perversities. Race, Class and Education among Polyamorists and Kinksters«, in: *Psychology and Sexuality*, Bd. 2 (2011), Nr. 3, S. 198-223.

123 Beverley Skeggs, »The Making of Class and Gender through Visualizing Moral Subject Formation«, in: *Sociology*, Bd. 39 (2005), Nr. 5, S. 965-982, hier S. 971.

124 Vgl. auch Hey, »The Contrasting Social Logics of Sociality and Survival«.

125 Jacques Bidet, *Foucault with Marx*, London 2016, S. 138.

126 Lisa Adkins und Celia Lury, »The Labour of Identity. Performing Identities, Performing Economies«, in: *Economy and Society*, Bd. 28 (1999), Nr. 4, S. 598-614; Lisa Adkins, »Sexuality and Economy. Historicisation vs Deconstruction«, in:

Australian Feminist Studies, Bd. 17 (2002), Nr. 37, S. 31-41; Hennessy, *Profit and Pleasure*; Hemmings, »Affective Solidarity«.

127 Gary W. Dowsett, »The Price of Pulchritude, the Cost of Concupiscence. How to Have Sex in Late Modernity«, in: *Culture, Health and Sexuality*, Bd. 17 (2014), Nr. S 1, S. 5-19, hier S. 12.

128 Mit Einschränkungen natürlich. Aktuelle Untersuchungen zeigen, dass nichtbinäre, genderqueere und anderweitig genderdiverse Menschen in vielen organisatorischen Kontexten viele Arten von Diskriminierungen erleiden. Vor allem im Hinblick auf den Arbeitsmarkt mehren sich die Belege dafür, dass trotz zunehmender »Diversitäts«-Regelwerke von Unternehmen Transgender-Personen im Durchschnitt weniger leicht eine Stelle finden, manche sexuellen Identitäten unverändert mit Gehaltseinbußen einhergehen und die Arbeitsumgebungen nicht so kulant sind, wie gerne getan wird. Manche Menschen stehen also nach wie vor unter dem Druck, binären Geschlechternormen entsprechen zu sollen. Vgl. Catherine J. Abe und Louise Oldridge, »Non-binary Gender Identities in Legislation, Employment Practices and HRM Research«, in: Stefanos Nachmias und Valerie Caven (Hg.), *Inequality and Organizational Practice*, Bd. 1: *Work and Welfare*, Cham 2019, S. 89-114; Robin C. Ladwig, »Proposing the Safe and Brave Space for Organisational Environment. Including Trans* and Gender Diverse Employees in Institutional Gender Diversification«, in: *Gender in Management: An International Journal* (2021), doi.org/10.1108/GM-06-2020-0199; Danielle C. Lefebvre und José F. Domene, »Workplace Experiences of Transgender Individuals. A Scoping Review«, in: *Asia Pasific Career Development Journal*, Bd. 3 (2020), Nr. 1, S. 2-30; Mario I. Suárez u. a., »Cis-Normativity at Work. Exploring Discrimination Against US Trans Workers«, in: *Gender in Management: An International Journal* (2020), doi.org/10.1108/GM-06-2020-0201; Sean Waite, John Ecker und Lori E. Ross, »A Systematic Review and The-

matic Synthesis of Canada's LGBTQ2S+ Employment, Labour Market and Earnings Literature«, in: *PLOS ONE*, Bd. 14 (2019), Nr. 10, e0223372.

129 Hennessy, *Profit and Pleasure*; Bidet, *Foucault with Marx*.

130 Adkins, »Sexuality and Economy«.

131 Vgl. Wade, »Doing Casual Sex«.

132 Laura Hamilton und Elizabeth A. Armstrong, »Gendered Sexuality in Young Adulthood. Double Binds and Flawed Options«, in: *Gender and Society*, Bd. 23 (2009), Nr. 5, S. 589-616.

133 Kaplan, *Recreational Sexuality, Food, New Age Spirituality*; Markella B. Rutherford, »The Social Value of Self-Esteem«, in: *Society*, Bd. 48 (2011), Nr. 5, S. 407-412.

134 Unsere Theorie macht Anleihen bei Bourdieus Theorie feldspezifischer Kapitalsorten und weicht zugleich von ihr ab. Für Bourdieu sind feldspezifische Formen von Kapital nur schwer zu erwerben, wenn die Kompetenzen, um ein starker Mitspieler in einem solchen Feld zu sein, von wenigen monopolisiert werden. Solche akkumulierten Kapitalien können womöglich am Ende einen allgemeinen gesellschaftlichen Nutzen bringen. Wir glauben jedoch, dass sich eine Bourdieu'sche Herangehensweise an sexuelles Kapital besser dazu eignet, Prozesse der Beherrschung, Legitimation und Naturalisierung systemischer Ungleichheiten zu erklären. Zwar ist das ökonomische Kapital für Bourdieu entscheidend, doch zeigt sein Werk im Detail auf, wie auch nichtökonomische Kapitalsorten symbolische Grenzen zwischen sozialen Klassen ziehen und auf diese Weise die symbolische und reale Macht der herrschenden Klasse reproduzieren. Bourdieus Theorie ist, mit anderen Worten, eine der Klassenherrschaft. Sein Projekt zielte letztlich darauf, die Mechanismen genau zu benennen, durch die nichtökonomische Vorteile (Kapital) die Klassenstruktur reproduzieren. Dieser Ansatz hängt von der Voraussetzung ab, dass Wirtschaft und Kultur bzw. die Sphären der Produktion und der Reproduktion voneinander getrennt sind (vgl. Kaplan, *Recreational Sexuality,*

Food, New Age Spirituality). In der Spätmoderne ist diese Voraussetzung selbst aus einer kritischen Perspektive nur schwer aufrechtzuerhalten. Damit verändert sich auch die Bedeutung von sexuellem Kapital.

135 Vgl. auch Floya Anthias, »Hierarchies of Social Location, Class and Intersectionality. Towards a Translocational Frame«, in: *International Sociology*, Bd. 28 (2013), Nr. 1, S. 121-138, hier S. 122.

136 Hakim, *Erotisches Kapital*, S. 24 (Übers. modif.).

5. Fazit

1 Illouz, *Errettung der modernen Seele*.

2 Goren, »America's Love Affair with Technology«, S. 497.

3 Sayer, »Moral Economy and Political Economy«.

4 Adkins, »Sexuality and Economy«, S. 38.

5 Vgl. Baumeister u. a., »Competing for Love«; Edward O. Laumann u. a., *The Social Organization of Sexuality. Sexual Practices in the United States*, Chicago, London 1994, S. 8-15.

6 Baumeister u. a., »Competing for Love«; Gary S. Becker, *Accounting for Tastes*, Cambridge (Mass.), London 1996, S. 4f., 7; Hakim, *Erotisches Kapital*; Outi Sarpila, »Attitudes towards Performing and Developing Erotic Capital in Consumer Culture«, in: *European Sociological Review*, Bd. 30 (2013), Nr. 3, S. 302-314.

7 Kaplan, *Recreational Sexuality, Food, New Age Spirituality*.

8 Angela McRobbie, *Be Creative. Making a Living in the New Culture Industries*, Cambridge, Malden 2016, S. 61.